English words by frequency

英検®準2級

頻出度順英単語1500

ベリタスアカデミー　加藤直一　著

高橋書店

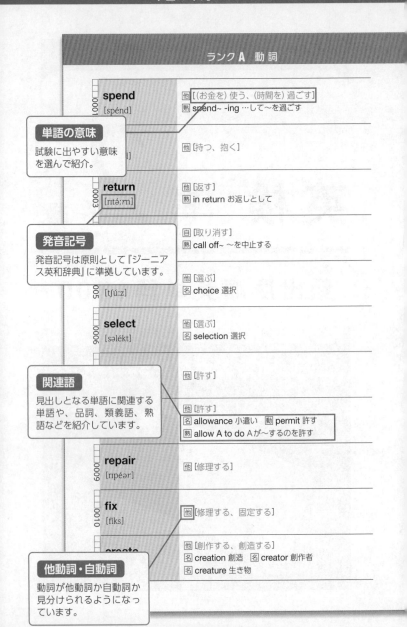

ランク **A** 動詞

0001 **spend**
[spénd]
他 [(お金を) 使う、(時間を) 過ごす]
熟 spend~ -ing …して~を過ごす

単語の意味
試験に出やすい意味を選んで紹介。

0002 他 [持つ、抱く]

0003 **return**
[ritə́:rn]
他 [返す]
熟 in return お返しとして

発音記号
発音記号は原則として『ジーニアス英和辞典』に準拠しています。

自 [取り消す]
熟 call off~ ~を中止する

005 [tʃúːz]
他 [選ぶ]
名 choice 選択

0006 **select**
[səlékt]
他 [選ぶ]
名 selection 選択

関連語
見出しとなる単語に関連する単語や、品詞、類義語、熟語などを紹介しています。

他 [許す]

他 [許す]
名 allowance 小遣い 動 permit 許す
熟 allow A to do Aが~するのを許す

0009 **repair**
[ripéər]
他 [修理する]

0010 **fix**
[fíks]
他 [修理する、固定する]

create
他 [創作する、創造する]
名 creation 創造 名 creator 創作者
名 creature 生き物

他動詞・自動詞
動詞が他動詞か自動詞か見分けられるようになっています。

単語編

ランク
A

B

□ 0001　She (**spent**) all afternoon reading comic books.

彼女は午後、ずっと漫画の本を読んで過ごした。

□ 0002　Will you (**hold**) my baby while I am in the rest-room?

トイレに行っているあいだ、赤ちゃんを抱いていてくれる？

□ 0003　You have to (**return**) these books within two weeks.

あなたは2週間以内に、これらの本を返さないといけない。

例文

試験問題を想定した例文を紹介しています。

□ 0004　If it rains, the school excursion will be (**cancele**

もし雨が降ったら、遠足は中止されます。

□ 0005　It is time for you to (**choose**) which way to go.

あなたがどの道を選ぶか、決めるときです。

例文の音声が無料でダウンロードできます

以下の手順を参考に、学習環境に合わせてご利用ください

- 下記の専用サイトにアクセス、もしくは二次元コードを読み取ります。
　お使いの書籍を選択してください。

　https://www.takahashishoten.co.jp/audio-dl/language/

- パスワード入力欄にシリアルコード (27585) を入力してください。

- 全音声をダウンロードするをクリック
　※ストリーミングでも再生できます。

※本サービスは予告なく終了することがあります

※パソコン・スマートフォンの操作に関する質問にはお答えできません

5

0001	**spend** [spénd]	他 [(お金を) 使う、(時間を) 過ごす] 熟 spend~ -ing …して~を過ごす
0002	**hold** [hóuld]	他 [持つ、抱く]
0003	**return** [rɪtə́ːrn]	他 [返す] 熟 in return お返しとして
0004	**cancel** [kǽnsl]	自 [取り消す] 熟 call off~ ~を中止する
0005	**choose** [tʃúːz]	他 [選ぶ] 名 choice 選択
0006	**select** [səlékt]	他 [選ぶ] 名 selection 選択
0007	**forgive** [fərɡív]	他 [許す]
0008	**allow** [əláu]	他 [許す] 名 allowance 小遣い　動 permit 許す 熟 allow A to do Aが~するのを許す
0009	**repair** [rɪpéər]	他 [修理する]
0010	**fix** [fíks]	他 [修理する、固定する]
0011	**create** [kriéɪt]	他 [創作する、創造する] 名 creation 創造　名 creator 創作者 名 creature 生き物

0001
She (**spent**) all afternoon reading comic books.

彼女は午後、ずっと漫画の本を読んで過ごした。

0002
Will you (**hold**) my baby while I am in the rest-room?

トイレに行っているあいだ、赤ちゃんを抱いていてくれる?

0003
You have to (**return**) these books within two weeks.

あなたは2週間以内に、これらの本を返さないといけない。

0004
If it rains, the school excursion will be (**canceled**).

もし雨が降ったら、遠足は中止されます。

0005
It is time for you to (**choose**) which way to go.

あなたがどの道を選ぶか、決めるときです。

0006
She (**selected**) the nicest bag in the shop.

彼女はその店でいちばんすてきなバッグを選んだ。

0007
Please (**forgive**) me for the mistake I made.

私がしてしまった間違いを許してください。

0008
You are not (**allowed**) to enter this room without permission.

許可なくこの部屋に入ることは許されていない。

0009
It cost me 10,000 yen to have my computer (**repaired**).

コンピュータを修理してもらうのに1万円かかった。

0010
Did you (**fix**) this bookshelf yourself?

君が自分でこの本棚を修理したのかい?

0011
God (**created**) this world in six days.

神は6日でこの世界を創造した。

0012	**taste** [téɪst]	自 [味がする]　名 [味] 形 tasty おいしい
0013	**relax** [rɪlǽks]	自 [くつろぐ] 名 relaxation くつろぎ、休養
0014	**seem** [síːm]	自 [〜のように思える] 副 seemingly 見たところ〜らしい
0015	**offer** [ɔ́(ː)fər]	他 [申し出る、提供する]
0016	**introduce** [ìntrəd(j)úːs]	他 [紹介する] 名 introduction 紹介 熟 introduce A to B AをBに紹介する
0017	**prepare** [prɪpéər]	自 [準備する] 名 preparation 準備 熟 prepare for~ 〜の準備をする
0018	**graduate** [grǽdʒuèɪt]	自 [卒業する] 名 graduation 卒業 熟 graduate from~ 〜を卒業する
0019	**suggest** [səgdʒéɪt]	他 [提案する] 名 suggestion 提案
0020	**cause** [kɔ́ːz]	他 [引き起こす]　名 [原因] 熟 cause A to do Aに〜させる 熟 bring about~ 〜を引き起こす
0021	**pause** [pɔ́ːz]	自 [小休止する]
0022	**rest** [rést]	自 [休息する]　名 [休憩] 名 restroom 手洗い所、化粧室 熟 take a rest 休憩する

6

0012

Cold chicken (**tastes**) good when eaten with salad.

コールドチキンはサラダと一緒に食べるとおいしい味がする。

0013

At last he finished his work and could (**relax**) in a café.

ついに彼は仕事を終えて、喫茶店でくつろぐことができた。

0014

He (**seemed**) to be tired after a long day at his job.

彼は長い1日の仕事の後、疲れているようだった。

0015

The bank (**offered**) a loan to our company.

銀行が私たちの会社に融資を申し出た。

0016

Please (**introduce**) yourself at the first class.

初回の授業のときに、自己紹介してください。

0017

She is (**preparing**) for studying in New Zealand.

彼女はニュージーランド留学の準備をしている。

0018

What will you do after you (**graduate**) from university?

君は大学を卒業した後、何をするつもりなの？

0019

My father (**suggested**) that I should go to college.

父が私に大学に行くよう提案した。

0020

What do you think the greenhouse effect will (**cause**)?

温室効果が何を引き起こすと思いますか？

0021

Let's (**pause**) a while and have some coffee.

しばらく小休止して、コーヒーでも飲もう。

0022

It is recommended to (**rest**) for some time after lunch.

昼食後は、しばらく休憩することが勧められている。

trade 0023 [tréɪd]	他 [交換する] 名 [貿易]
exchange 0024 [ɪkstʃéɪndʒ]	他 [交換する] 熟 exchange A for B AをBと交換する 熟 in exchange for~ ～と交換に
wonder 0025 [wʌ́ndər]	他 [～かしらと思う] 熟 no wonder~ ～は不思議ではない
doubt 0026 [dáʊt]	他 [疑う] 熟 no doubt 疑いなく 熟 there is no doubt~ ～の 疑いがない 形 doubtful 疑っている、疑わしい
follow 0027 [fá:loʊ]	他 [従う、ついて行く] 形 following 次の、下記の
design 0028 [dɪzáɪn]	他 [設計する]
search 0029 [sə́:rtʃ]	他 [捜索する] 熟 search A for B Bを見つけるためA (場所) を捜す
explore 0030 [ɪksplɔ́:r]	他 [探索する] 名 explorer 探検家 名 exploration 探検、調査
enter 0031 [éntər]	他 [入る、入力する] 名 entrance 入り口
lend 0032 [lénd]	他 [貸す]
reach 0033 [rí:tʃ]	他 [着く、届く] 熟 reach for~ ～に手を伸ばす

0023

Shall we (**trade**) our books after reading them?

読んだ後、本を交換しない?

0024

I want to (**exchange**) some money for Japanese yen.

いくらかのお金を、日本円に両替したいのですが。

0025

She (**wonders**) whether her son will come back in time.

彼女は、息子が間に合うように帰ってくるのかしらと思っている。

0026

We (**doubt**) whether he told us the truth.

私たちは彼が本当のことを言ったのかどうか疑っている。

0027

My mother gave me advice and I decided to (**follow**) it.

母が私に助言してくれて、私はそれに従うことにした。

0028

She is an architect and has (**designed**) many buildings.

彼女は建築家で、たくさんの建物を設計してきた。

0029

I (**searched**) my car for my lost key but couldn't find it.

なくした鍵を求めて車を捜索したが、見つからなかった。

0030

A spacecraft is going to be launched to (**explore**) Mars.

火星を探査するために、宇宙船が打ち上げられることになっている。

0031

Did you see the robber (**enter**) the jewelry shop?

あなたは強盗が宝石店に入るのを見たの?

0032

Would you (**lend**) me your bike for a while?

しばらくあなたの自転車を貸してくれませんか?

0033

They will (**reach**) the summit of Mt. Fuji within an hour.

彼らは1時間以内に富士山の頂上に到着するだろう。

solve 0034 [sá:lv]	他 [解決する] 名 solution 解決、解決策
expect 0035 [ɪkspékt]	他 [期待する、予期する] 名 expectation 予期、期待 熟 more~ than S expected S が思ったより～である 熟 be expected to~ ～することになっている
prefer 0036 [prɪfə́:r]	他 [～のほうを好む] 名 preference 好み、嗜好 形 preferable 好ましい、望ましい 熟 prefer A to B B より A を好む
serve 0037 [sə́:rv]	他 [(食事を) 出す]
continue 0038 [kəntínju:]	他 [続ける] 名 continuity 連続、継続 形 continual 断続的な 形 continuous 連続的な
improve 0039 [ɪmprú:v]	他 [改善する] 名 improvement 改善、改良
share 0040 [ʃéər]	他 [分け合う] 名 [分け前]
divide 0041 [dɪváɪd]	他 [分割する] 名 division 分割 熟 divide A into B A を B に分割する
attend 0042 [əténd]	他 [出席する] 名 attendance 出席 名 attendant 添乗員、付き添い 熟 attend to~ ～に注意を払う
produce 0043 [prəd(j)ú:s]	他 [生産する] 名 product 製品 名 producer 製作者 名 production 製造、生産
contact 0044 [ká:ntækt]	他 [連絡を取る] 名 [連絡、接触] 名 get in contact with~ ～と連絡をとる 熟 keep [stay] in contact with~ ～と連絡を絶やさない

It took me a long time to (**solve**) that math problem.

0034 あの数学の問題を解くのに長い時間がかかったよ。

We (**expect**) that it will be cooler this summer.

0035 私たちは今年の夏は涼しくなると予期している。

She says she (**prefers**) Japanese tea to English tea.

0036 彼女は紅茶よりも日本茶のほうが好きだと言っている。

They (**serve**) good Thai dishes at that restaurant.

0037 あのレストランでは、おいしいタイ料理を出している。

He (**continued**) studying after a lunch break.

0038 彼は休みの後、勉強を続けた。

I would like to (**improve**) my English speaking ability.

0039 私は英語を話す能力を改善したいのです。

The boy wouldn't (**share**) his chocolate with his friends.

0040 その男の子は、チョコレートを友だちと分け合おうとしなかった。

She (**divided**) the apple pie into six for her guests.

0041 彼女はお客さんのためにアップルパイを6つに分けた。

How many students (**attended**) your class today?

0042 今日は何人の学生があなたの授業に出席したんですか？

The factory (**produces**) more than ten cars a day.

0043 その工場は、1日に10台以上の車を製造している。

(**Contact**) me anytime when you have a question.

0044 質問があるときはいつでも、私に連絡してください。

0045	**invent** [ɪnvént]	他 [発明する] 名 invention 発明、発明品
0046	**discover** [dɪskʌ́vər]	他 [発見する] 名 discovery 発見
0047	**fail** [féɪl]	自 [失敗する] 熟 fail to~ ～しない、～しそこなう 熟 without fail 必ず　熟 never fail to~ 必ず～する
0048	**advance** [ədvǽns]	自 [前進する] 名 advancement 前進 熟 in advance 前もって
0049	**deliver** [dɪlívər]	他 [配達する] 名 delivery 配達
0050	**realize** [ríːəlàɪz]	他 [悟る、はっきり理解する] 形 real 現実の 名 reality 現実　名 realization 理解、実現
0051	**supply** [səplái]	他 [供給する] 動 demand 要求する 熟 supply A with B AにBを供給する
0052	**support** [səpɔ́ːrt]	他 [支える] 名 supporter 支持者
0053	**feed** [fíːd]	他 [食べ物を与える]
0054	**quit** [kwít]	他 [やめる] 熟 give up やめる
0055	**add** [ǽd]	他 [加える] 名 addition 追加 熟 in addition to~ ～に加えて

単語編

ランク
A

B

C

動詞

0045
Do you know who (**invented**) the electric car?

あなたは誰が電気自動車を発明したか知っていますか？

0046
In what year did Columbus (**discover**) America?

コロンブスは何年にアメリカ大陸を発見したの？

0047
The negotiations for a pay raise (**failed**) again.

給料を上げてくれという交渉がまた失敗した。

0048
She is (**advancing**) steadily toward passing the exam.

彼女は試験合格に向けて、着実に前進している。

0049
I would like you to (**deliver**) a seafood pizza tonight.

今夜、シーフードピザを配達してほしいんですけど。

0050
I (**realize**) the importance now.

今、その重要性に気づいています。

0051
(**Supply**) the victims of the disaster with water immediately.

今すぐ災害の犠牲者に水を供給してください。

0052
He works day and night to (**support**) his large family.

彼は大家族を支えるために、昼も夜も働いている。

0053
(**Feed**) my dog twice a day while I am away on my trip.

私が旅行に出かけているあいだ、1日に2回犬に餌をやってください。

0054
He is planning to (**quit**) his job and move to the countryside.

彼は仕事を辞めて、田舎に引っ越す計画を立てている。

0055
I (**added**) some salt to my tea by mistake.

間違ってお茶に塩を入れちゃった。

0056	**hide** [háɪd]	他 [隠す]
0057	**include** [ɪnklú:d]	他 [含む] 動 exclude 除外する
0058	**contain** [kəntéɪn]	他 [含む] 名 container 容器
0059	**fight** [fáɪt]	自 [戦う]
0060	**agree** [əgríː]	他 [同意する] 熟 agree with~ ～に同意する 熟 agree to~ ～に賛成する
0061	**hire** [háɪər]	他 [雇う] 動 employ 雇う　動 dismiss 解雇する 熟 lay off 一時解雇する
0062	**employ** [ɪmplɔ́ɪ]	他 [雇う] 名 employee 従業員　名 employer 雇い主 名 employment 雇用
0063	**raise** [réɪz]	他 [上げる、育てる]
0064	**spread** [spréd]	他 [広げる]
0065	**gather** [gǽðər]	他 [集める]
0066	**smell** [smél]	自 [においがする]

0056

Don't (hide) your true feelings.

本当の気持ちを隠さないでください。

0057

Does this price (include) the consumption tax?

この値段は消費税を含んでいますか？

0058

They will not eat takoyaki because it (contains) octopus.

タコが入っているから、彼らはたこ焼きを食べようとしない。

0059

We must (fight) for justice.

私たちは正義のために戦わなければなりません。

0060

Everyone (agrees) that she has a good personality.

みんなが彼女の性格が良いことに同意する。

0061

The company will (hire) ten more applicants this year.

その会社は今年、あと 10 人の応募者を雇うつもりだ。

0062

He is (employed) at a factory which produces toys.

彼はおもちゃを製造する工場で雇われている。

0063

She didn't have the courage to (raise) her hand in class.

彼女は授業中に手を挙げる勇気がなかった。

0064

(Spread) the word quickly.

速くうわさを広めてください。

0065

A rolling stone (gathers) no moss.

転石苔むさず（転がっている石は苔を集めない）。

0066

The cake which she baked (smells) good.

彼女が焼いたケーキは良いにおいがする。

0067	**reply** [rɪpláɪ]	自 [返答する]
0068	**weigh** [wéɪ]	自 [重さがある] 名 weight 重さ、体重
0069	**aid** [éɪd]	他 [援助する] 熟 aid ~ in doing ~が…するのを手伝う
0070	**cheer** [tʃíər]	自 [応援する] 形 cheerful 陽気な 熟 cheer up~ ~を元気づける
0071	**imagine** [ɪmǽdʒɪn]	他 [想像する] 名 imagination 想像力　形 imaginable 想像できる 形 imaginative 想像力豊かな　形 imaginary 架空の
0072	**manage** [mǽnɪdʒ]	他 [経営する] 名 management 運営、経営 熟 manage to~ 何とか~する
0073	**save** [séɪv]	他 [守る、貯金する、(手間を) 省く]
0074	**transport** [trænspóːrt]	他 [輸送する] 名 import 輸入　動 import 輸入する　名 export 輸出 動 export 輸出する　名 transportation 輸送
0075	**hurt** [hə́ːrt]	他 [傷つける]
0076	**satisfy** [sǽtəsfàɪ]	他 [満足させる] 名 satisfaction 満足、満足感　形 satisfactory 満足 のいく　熟 be satisfied with~ ~に満足している
0077	**bore** [bɔ́ːr]	他 [退屈させる] 形 boring 退屈な、人を退屈させるような　形 bored 退屈している　熟 be bored with~ ~に退屈している

0067

I should have (**replied**) to your e-mail earlier.

あなたのメールにもっと早く返事するべきでした。

0068

The box (**weighs**) 10 kilograms.

その箱は 10 キログラムの重さがあります。

0069

He (**aided**) me in putting my baby carriage into the car.

彼は私が、乳母車を車に乗せるのを手伝ってくれた。

0070

Everyone in the class was (**cheering**) for me in the marathon.

クラスのみんなが、私がマラソンをしているあいだ応援してくれました。

0071

Can you (**imagine**) what the world will be like in 100 years?

100 年後に世界がどのようになっているか想像できますか？

0072

She (**manages**) a shop which sells crepes.

彼女はクレープを販売する店を経営している。

0073

How much have you (**saved**) for your son's education?

息子さんの教育のために、いくら貯金していますか？

0074

The train system (**transports**) many commuters every day.

その列車網は、毎日たくさんの通勤者を運んでいる。

0075

Words can (**hurt**) deeply.

言葉は深く傷つけることがあります。

0076

My wife's cooking (**satisfied**) me after a long day's work.

長かった 1 日の仕事の後、妻の料理が私を満足させてくれた。

0077

The movie was so (**boring**) that many people fell asleep.

その映画はとても退屈だったので、たくさんの人が眠ってしまった。

0078	**excuse** [ıkskjúːz]	他 [許す]　名 [言い訳] 熟 excuse A for B AのBを許す
0079	**order** [ɔ́ːrdər]	他 [命令する、注文する] 名 [命令、注文、順序、秩序] 熟 out of order 故障中で
0080	**twist** [twíst]	他 [ねじる]
0081	**delete** [dılíːt]	他 [削除する]
0082	**last** [lǽst]	自 [続く]　形 [最後の、この前の]
0083	**examine** [ıgzǽmən]	他 [調べる] 名 examination 試験
0084	**amuse** [əmjúːz]	他 [楽しませる] 名 amusement 楽しみ、娯楽 熟 amusement park 遊園地
0085	**receive** [rısíːv]	他 [受け取る] 名 reception 受付　名 receptionist 受付係 名 receipt 領収証
0086	**inform** [ınfɔ́ːrm]	他 [知らせる] 熟 inform A of B AにBを知らせる 熟 information 情報
0087	**combine** [kəmbáın]	他 [結びつける、組み合わせる] 名 combination 結合 熟 combine A with B AをBと結びつける
0088	**occur** [əkə́ːr]	自 [起こる、生じる] 熟 occur to~ ～の心に浮かぶ

0078 I will (**excuse**) your mistake this time only.

今回に限り、あなたのミスを許します。

0079 Is it possible to (**order**) a pizza through the Internet?

ネットでピザを注文することはできるんですか？

0080 He (**twisted**) his ankle while playing soccer.

彼はサッカーをしているあいだに、足首をねじった。

0081 He (**deleted**) unnecessary files from his computer.

彼はコンピュータから不必要なファイルを削除した。

0082 I wonder how long this rain will (**last**).

この雨はどれぐらい続くんだろうか。

0083 The teacher will (**examine**) the students' compositions.

その教師は、学生たちの作文を審査することになっている。

0084 Her dance performance always (**amuses**) the audience.

彼女のダンスのパフォーマンスは、いつも観客を楽しませる。

0085 The president (**received**) a warm welcome at the airport.

大統領は空港であたたかい歓迎を受けた。

0086 Please (**inform**) me of everything about the conference.

その会議に関するすべてのことを、私に知らせてください。

0087 The chef (**combines**) various ingredients from overseas.

その料理長は、海外からのいろいろな材料を組み合わせて調理する。

0088 Drive carefully to prevent an accident from (**occurring**).

事故が起こらないように、注意して運転しなさい。

0089	**tear** [téər]	他 [破る、引き裂く]
0090	**smoke** [smóuk]	自 [タバコを吸う] 名 smoker 喫煙家 形 nonsmoking 禁煙の
0091	**wave** [wéɪv]	自 [手を振る] 名 [波]
0092	**shake** [ʃéɪk]	他 [振る] 熟 shake hands 握手をする
0093	**repeat** [rɪpíːt]	他 [繰り返す] 名 repetition 反復
0094	**shine** [ʃáɪn]	自 [輝く]
0095	**slide** [sláɪd]	自 [滑る]
0096	**roll** [róʊl]	他 [転がす]
0097	**perform** [pərfɔ́ːrm]	他 [行う、演じる、上演する] 名 performance 演技、上演
0098	**base** [béɪs]	他 [基礎を置く] 形 basic 基本的な 熟 be based on~ ～に基づいている
0099	**sail** [séɪl]	自 [航海する] 名 sailboat 帆船

0089
She nearly (**tore**) up the rude letter from her boss.

彼女は上司からの失礼な手紙を、もう少しで破り捨てるところだった。

0090
He followed the doctor's advice and gave up (**smoking**).

彼は医師のアドバイスに従って、喫煙をやめた。

0091
Who is the man (**waving**) to us across the street?

通りの向こう側で、私たちに手を振っている男性は誰？

0092
(**Shaking**) the bottle makes the dressing tastier.

ボトルを振ると、ドレッシングはもっとおいしくなります。

0093
How many times will you (**repeat**) this same mistake?

何度同じ失敗を繰り返すの？

0094
I saw many stars (**shining**) in the sky that night.

その夜、私はたくさんの星が空で輝いているのを見た。

0095
Children were enjoying (**sliding**) down the slope on sleds.

子どもたちはそりに乗って、斜面を滑って楽しんでいた。

0096
The ball (**rolls**) down the hill.

ボールは丘を転がり落ちる。

0097
The orchestra will (**perform**) a symphony by Beethoven.

オーケストラが、ベートーベンの交響曲を演奏することになっている。

0098
The movie is (**based**) on a true story.

その映画は実話に基づいている。

0099
Columbus (**sailed**) for many days and arrived in America.

コロンブスは、何日も航海してアメリカにたどり着いた。

0100	**area** [éəriə]	名 [地域]
0101	**chance** [tʃǽns]	名 [機会 [チャンス]、可能性] 熟 by chance 偶然に
0102	**flight** [fláɪt]	名 [飛行、(飛行機の) 便]
0103	**type** [táɪp]	名 [型 [タイプ]]
0104	**mistake** [məstéɪk]	名 [間違い] 熟 by mistake 間違って 熟 make a mistake 間違える
0105	**exercise** [éksərsàɪz]	名 [運動]
0106	**promise** [prá:məs]	名 [約束] 形 promising 将来有望な　熟 keep one's promise 約束を守る　熟 break one's promise 約束を破る
0107	**fact** [fǽkt]	名 [事実] 形 factual 事実に基づく 熟 in fact じつは
0108	**trouble** [trʌ́bl]	名 [紛争、故障、苦労] 形 troublesome やっかいな 熟 be in trouble 困っている、窮地に立っている
0109	**accident** [ǽksədənt]	名 [事故] 副 accidentally 偶然に 熟 by accident 偶然に、意図せずに
0110	**heart** [há:rt]	名 [心臓、心] 熟 learn ~ by heart ～を暗記する 熟 at the heart of~ ～の中心に

0100
Desert (**areas**) are spreading all over the world.

世界中で砂漠地帯が拡大している。

0101
There is a (**chance**) that we will win the championship.

私たちが優勝する可能性はある。

0102
How long does the (**flight**) take to New York?

ニューヨークまでの飛行はどれくらいの時間がかかりますか？

0103
What (**types**) of food do you eat in your everyday life?

あなたは日常生活において、どんな種類の食べ物を食べますか？

0104
I have to apologize for making a terrible (**mistake**).

ひどいミスをしてしまったことを、詫びなければなりません。

0105
You should get regular (**exercise**) to stay healthy.

健康なままでいるには定期的に運動をするべきだ。

0106
He made a (**promise**) never to come late again.

彼は二度と遅れて来ないと約束した。

0107
He didn't know the (**fact**) that his favorite singer had died.

彼は、自分の好きな歌手が亡くなっていたという事実を知らなかった。

0108
Don't you have any (**trouble**) in your school life?

学校生活で何か問題はありませんか？

0109
He got into a traffic (**accident**) on his way to school.

彼は学校に行く途中で、交通事故にあった。

0110
Always follow your (**heart**).

いつも心に従ってください。

0111	**mind** [máɪnd]	名 [心]　動 [気にする] 熟 keep in mind that~ ～ということを心に留めておく
0112	**protection** [prətékʃən]	名 [保護] 動 protect 保護する
0113	**meal** [mí:l]	名 [食事]
0114	**medicine** [médəsn]	名 [薬、医学] 形 medical 医療の、医学の
0115	**drug** [drʌ́g]	名 [薬]
0116	**activity** [æktívəti]	名 [活動] 形 active 活動的な 動 act 行動する
0117	**damage** [dǽmɪdʒ]	名 [損害]　動 [損害を与える] 熟 do damage 害を及ぼす　熟 do damage to~ ～に害を及ぼす　熟 do A good Aのためになる
0118	**professor** [prəfésər]	名 [教授]
0119	**neighborhood** [néɪbərhùd]	名 [近所]
0120	**exam** [ɪgzǽm]	名 [試験] 動 examine 調べる 名 examination 試験
0121	**presentation** [prì:zentéɪʃən]	名 [発表]

0111 Keep in (mind) that you are not alone.

あなたは独りぼっちではないということを、心に留めておきなさい。

0112 This cream offers (protection) from the sun.

このクリームはあなたを太陽から保護してくれる。

0113 He eats yogurt with every (meal).

彼は毎回、食事と一緒にヨーグルトを食べる。

0114 This (medicine) will relieve your headache.

この薬はあなたの頭痛を和らげますよ。

0115 The company has developed a new (drug) for cancer.

その会社は、がんの新薬を開発した。

0116 He joins a volunteer (activity) every weekend.

彼は毎週末に、ボランティア活動に参加している。

0117 The typhoon did great (damage) to the village.

台風がその村に大きな損害を及ぼした。

0118 The (professor) gives us lectures on biology.

教授が私たちに、生物学の講義をしてくれている。

0119 I hear there was a big fire in my (neighborhood).

近所で大きな火事があったそうだ。

0120 He is studying very hard for his entrance (exams).

彼は入試に向けて、熱心に勉強している。

0121 They explained their new product in the (presentation).

彼らはその発表で、新製品を説明した。

0122	**advice** [ədváɪs]	名 [助言] 動 advise 助言する、忠告する
0123	**performance** [pərfɔ́:rməns]	名 [演技、演奏] 動 perform 上演する
0124	**couple** [kʌ́pl]	名 [一組、夫婦] 熟 a couple of~ 2、3の~
0125	**tourist** [túərɪst]	名 [観光客] 名 tourism 観光業
0126	**government** [gʌ́vərnmənt]	名 [政府] 動 govern 支配する、統治する
0127	**average** [ǽvərɪdʒ]	名 [平均] 熟 on average 平均して
0128	**package** [pǽkɪdʒ]	名 [小包] 動 pack 詰め込む
0129	**section** [sékʃən]	名 [区画、欄、売り場]
0130	**interview** [íntərvjù:]	名 [面接]
0131	**boss** [bɔ́(:)s]	名 [上司]
0132	**expert** [ékspə:rt]	名 [専門家]

0122
His (**advice**) enabled us to put our plan into practice.

彼のアドバイスのおかげで、私たちは計画を実行できた。

0123
She was moved to tears at her daughter's (**performance**).

彼女は娘の演奏を聴いて、感動して泣いた。

0124
We visited the house of the newly married (**couple**).

私たちは、その新婚夫婦の家を訪れた。

0125
Thailand accepts many (**tourists**) every year.

タイは毎年、たくさんの旅行者を受け入れている。

0126
The (**government**) sets new policies.

政府は新しい政策を設定します。

0127
The (**average**) age is 35.

平均年齢は 35 歳です。

0128
The boy was pleased with the (**package**) of potato chips.

その男の子は、1 袋のポテトチップに喜んだ。

0129
The toy (**section**) is located on the fifth floor.

おもちゃ売り場は 5 階にございます。

0130
She managed to stay calm during the job (**interview**).

彼女は仕事の面接のあいだ、どうにか落ち着いていられた。

0131
My (**boss**) told me that I would be given a pay rise.

上司が私に給料を上げてやると言った。

0132
She is an (**expert**) on child psychology.

彼女は児童心理学の専門家だ。

downtown [dáuntáun] 0133	图 [商業地区、繁華街]
statement [stéɪtmənt] 0134	图 [声明] 動 state 発言する 图 state 国、州
traffic [træfɪk] 0135	图 [交通] 熟 traffic jam 交通渋滞 熟 traffic accident 交通事故
aim [éɪm] 0136	图 [目的] 動 [狙う] 熟 aim at~ ～を狙う
deal [dí:l] 0137	图 [量] 動 [扱う] 熟 a great[good] deal of~ 多量の～ 熟 deal with ~ ～を扱う 熟 deal in~ ～を商う
passenger [pǽsəndʒər] 0138	图 [乗客]
technique [tekní:k] 0139	图 [技術]
technology [tekná:lədʒi] 0140	图 [科学技術]
skill [skíl] 0141	图 [技能、技術] 形 skillful 熟練した、上手な
effort [éfərt] 0142	图 [努力] 熟 make an effort 努力する
distance [dístəns] 0143	图 [距離] 形 distant 遠く離れた

単語編

ランク
A

B

C

名詞

0133

She works for a restaurant located in the (**downtown**).

彼女は、繁華街にあるレストランで働いている。

0134

The president made a (**statement**) about the tax increase.

大統領が増税に関する声明を出した。

0135

Be careful not to miss the (**traffic**) lights.

交通信号を見落とさないように、注意しなさい。

0136

To participate in the Olympics is his (**aim**) in life.

オリンピックに出場することが、彼の人生における目標です。

0137

She has a good (**deal**) of experience in child rearing.

彼女は育児における経験が豊富だ。

0138

(**Passengers**) are required to fasten their seat belts.

乗客はシートベルトを締めることを要求されています。

0139

She is a skilled pianist with excellent (**technique**).

彼女は、素晴らしい技術を持った熟練のピアニストです。

0140

(**Technology**) changes our lives.

テクノロジーは、私たちの生活を変えます。

0141

This (**skill**) is highly valuable.

このスキルは、非常に価値があります。

0142

Make an (**effort**) to listen.

聞く努力をしてください。

0143

Is there a post office within walking (**distance**)?

歩いて行ける距離に、郵便局はありますか？

0144	**matter** [mǽtər]	名 [問題]
0145	**shape** [ʃéip]	名 [形] 熟 in shape 体調が良くて
0146	**community** [kəmjúːnəti]	名 [地域社会]
0147	**research** [rɪsə́ːrtʃ]	名 [研究] 名 researcher 研究員
0148	**note** [nóut]	名 [覚え書き]
0149	**factory** [fǽktəri]	名 [工場]
0150	**credit** [krédɪt]	名 [信用、信頼] 形 incredible 信じられない
0151	**receipt** [rɪsíːt]	名 [領収書]
0152	**cash** [kǽʃ]	名 [現金] 熟 in cash 現金で
0153	**bill** [bíl]	名 [請求書、紙幣]
0154	**photograph** [fóutəgrǽf]	名 [写真]

0144

It is not an easy (matter) for him to quit smoking.

彼がタバコをやめるのは、簡単な問題ではない。

0145

My girlfriend gave me chocolate in the (shape) of a heart.

彼女がハート形のチョコレートを、僕にくれた。

0146

She has played a great role in the local (community).

彼女は、地域社会で大きな役割を果たしてきた。

0147

Our (research) shows promising results.

私たちの研究は、有望な結果を示しています。

0148

It is important to take (notes) during classes.

授業中にノートを取ることは大切だ。

0149

He met his future wife while working for the (factory).

彼はその工場で働いていたときに、将来の奥さんと出会った。

0150

She earned enough (credit) to be given a loan.

彼女は融資を受けるのに、十分な信用を得た。

0151

May I have a (receipt) for this copy machine?

このコピー機の領収書をいただけますか？

0152

We are sorry, but we only accept (cash).

申し訳ありませんが、現金しか受け取っておりません。

0153

Can I pay my hotel (bill) by credit card?

ホテルの料金をクレジットカードで支払うことはできますか？

0154

This (photograph) captures the moment.

この写真は、その瞬間を捉えています。

0155	**countryside** [kántrisàid]	名 [田舎]
0156	**manager** [mǽnɪdʒər]	名 [責任者] 動 manage 管理する、経営する
0157	**state** [stéɪt]	名 [状態、国、州]　動 [述べる]
0158	**project** [prɑ́:dʒekt]	名 [計画、企画]
0159	**security** [səkjúərəti]	名 [安全、安全性] 形 secure 安全な
0160	**value** [vǽlju:]	名 [価値]　動 [評価する] 形 valuable 価値のある　形 valueless 価値のない 形 invaluable たいへん価値のある
0161	**rug** [rʌ́g]	名 [絨毯]
0162	**master** [mǽstər]	名 [主人]　動 [習得する]
0163	**mistress** [místrəs]	名 [女主人]
0164	**actor** [ǽktər]	名 [俳優]
0165	**actress** [ǽktrəs]	名 [女優]

0155
You can still see various wild animals in the (countryside).

田舎では、今でもさまざまな野生動物を見ることができる。

0156
I would like to talk to the general (manager).

総責任者とお話ししたいのですが。

0157
We are concerned about the economic (state) of our city.

私たちは市の経済状態を心配している。

0158
We have been working on a new (project) for a month.

私たちは1ヶ月のあいだ、新しい企画に取り組んでいます。

0159
We hired a guard to enhance the (security) of our office.

事務所の安全性を高めるために、警備員を雇いました。

0160
The (value) of her apartment has increased gradually.

彼女のアパートの価値が、だんだん上がってきている。

0161
My dog always lies on the (rug) in front of the TV set.

うちの犬はいつも、テレビの前の絨毯で横たわっているんです。

0162
The dog follows its (master) wherever he goes.

その犬は、飼い主が行くところはどこにでもついていく。

0163
The (mistress) of the inn kindly welcomed us.

宿屋の女主人が、親切に私たちを出迎えてくれた。

0164
His dream of becoming an (actor) finally came true.

俳優になるという彼の夢がついに叶った。

0165
The (actress) was given a major role in the movie.

その女優は、映画で主役を与えられた。

0166	**sign** [sáɪn]	名 [兆候、兆し]　動 [署名する]
0167	**sentence** [séntəns]	名 [文]　動 [刑を言い渡す]
0168	**branch** [bræntʃ]	名 [小枝、支店、支社]
0169	**instrument** [ínstrəmənt]	名 [道具、楽器] 熟 musical instrument 楽器
0170	**lottery** [lá:təri]	名 [宝くじ]
0171	**costume** [ká:st(j)u:m]	名 [衣装]
0172	**wheat** [hwí:t]	名 [小麦]
0173	**maid** [méɪd]	名 [メイド、お手伝いさん]
0174	**match** [mætʃ]	名 [試合]
0175	**secretary** [sékrətèri]	名 [秘書] 名 secret 秘密、秘訣
0176	**model** [má:dl]	名 [型、様式、模型]

単語編

ランク
A

B

C

名詞

0166

That's a good (**sign**).

それは良い兆候です。

0167

Can you give me an example (**sentence**) for this word?

この単語の例文を挙げてもらえませんか？

0168

The bank opened a new (**branch**) in the city center.

その銀行は市の中心地に支店を開いた。

0169

A microscope is an essential (**instrument**) for scientists.

顕微鏡は科学者にとって不可欠な道具です。

0170

If I were to win the (**lottery**), I would buy a vacation home.

もし宝くじに当たったら、別荘を買うんだ。

0171

She wore a strange (**costume**) for the Halloween party.

彼女はハロウィンパーティーのために、変な衣装を身につけた。

0172

That country produces the most (**wheat**) in the world.

その国は世界で最もたくさん小麦を生産しています。

0173

He has a (**maid**) clean his house and cook meals.

彼はお手伝いさんに、家の掃除と食事の調理をしてもらっている。

0174

Our team won the (**match**) with a score of 2 to 1.

僕たちのチームは 2 対 1 で試合に勝った。

0175

He had his (**secretary**) send the important documents.

彼は秘書に大切な書類を送ってもらった。

0176

My daughter wants the new smartphone (**model**).

うちの娘は、新型のスマホをほしがっているんです。

0177	**muscle** [mʌsl]	名 [筋肉]
0178	**meaning** [míːnɪŋ]	名 [意味、意義] 動 mean 意味する　形 mean けちな 名 means 手段
0179	**tear** [tíər]	名 [涙]
0180	**chain** [tʃéin]	名 [鎖、チェーン店] 熟 chain reaction 連鎖反応
0181	**earthquake** [áːrθkwèik]	名 [地震]
0182	**ghost** [góust]	名 [幽霊]
0183	**god** [gáːd]	名 [神] 名 goodness 神 (Godの婉曲語) 名 goddess 女神
0184	**planet** [plǽnət]	名 [惑星] 名 the planet 地球
0185	**silk** [sílk]	名 [絹]
0186	**temple** [témpl]	名 [神殿、寺]
0187	**catalog** [kǽtəlɔ̀(ː)g]	名 [カタログ]

0177
The doctor advised me to strengthen my leg (**muscles**).

医師が私に、足の筋肉を強くするように助言した。

0178
Look up the (**meaning**) of new words in your dictionary.

新しい単語の意味を辞書で調べなさい。

0179
She showed her gratitude to us with (**tears**) in her eyes.

彼女は目に涙を浮かべて、我々に感謝を示した。

0180
I use a thick (**chain**) to keep my bike from being stolen.

僕は自転車が盗まれないように、太いチェーンを使っています。

0181
The (**earthquake**) caused a lot of damage to the city.

その地震が、都市にたくさんの被害を引き起こした。

0182
Some people insist on having seen a (**ghost**) here.

ここで幽霊を見たと主張する人もいる。

0183
The villagers thanked (**God**) for the harvest.

村人たちは神に収穫を感謝した。

0184
What is the name of the (**planet**) closest to the sun?

太陽にいちばん近い惑星の名前は何ですか？

0185
The (**silk**) industry has a long history here.

ここでは、絹産業に長い歴史があります。

0186
The tourist was surprised at the beauty of the (**temple**).

旅行者はその寺の美しさに驚いた。

0187
The company sent its new (**catalog**) to its customers.

その会社は、顧客に新しいカタログを送付した。

0188	**circus** [sə́:rkəs]	名 [サーカス]
0189	**instructor** [ɪnstrʌ́ktər]	名 [インストラクター] 動 instruct 指導する 名 instruction 指導
0190	**mile** [máɪl]	名 [マイル]
0191	**orchestra** [ɔ́:rkəstrə]	名 [オーケストラ]
0192	**suit** [sú:t]	名 [スーツ]　動 [似合う]
0193	**bakery** [béɪkəri]	名 [パン屋]
0194	**style** [stáɪl]	名 [様式、やり方]
0195	**mirror** [mírər]	名 [鏡] 熟 in the mirror 鏡に映っている
0196	**dentist** [déntəst]	名 [歯科医] 形 dental 歯の
0197	**insect** [ínsekt]	名 [昆虫] 名 worm 線虫
0198	**interest** [íntərəst]	名 [興味、利益、利息] 形 interesting 興味深い 熟 be interested in~ ～に興味がある

38

0188 The children are waiting for the (circus).

子どもたちは、サーカスの到着を待っています。

0189 The yoga (instructors) give their lessons on Sundays.

そのヨガのインストラクターたちは日曜日にレッスンをしているよ。

0190 We walked for a (mile) together.

私たちは一緒に 1 マイル歩きました。

0191 The performance by the (orchestra) was enchanting.

オーケストラによる演奏は魅力的だった。

0192 You look very good in that (suit).

そのスーツは君にとってもよく似合うよ。

0193 That (bakery) offers coffee for free to every customer.

そのパン屋は、すべてのお客様に無料でコーヒーを提供している。

0194 She enjoys fashion in her own unique (style).

彼女は独自のスタイルで、ファッションを楽しんでいる。

0195 He was surprised at the image of himself in the (mirror).

彼は鏡に映った自分の姿に驚いた。

0196 I have an appointment with the (dentist) tomorrow.

私は明日、歯医者に予約を入れている。

0197 A spider is not an (insect) in a strict sense.

クモは厳密な意味において昆虫ではない。

0198 I have an (interest) in learning a new foreign language.

私は新しい外国語を学ぶことに、興味があります。

0199	**forest** [fɔ́:rəst]	图 [森林]
0200	**freeway** [frí:wèɪ]	图 [高速道路]
0201	**weekday** [wí:kdèɪ]	图 [平日]
0202	**signal** [sígnl]	图 [信号]
0203	**reporter** [rɪpɔ́:rtər]	图 [報道記者]
0204	**coast** [kóʊst]	图 [海岸] 形 coastal 海岸沿いの
0205	**magic** [mǽdʒɪk]	图 [魔法] 形 magical 魔法の
0206	**cow** [káʊ]	图 [雌牛]
0207	**ox** [ɑ́:ks]	图 [雄牛]
0208	**bowl** [bóʊl]	图 [ボウル [茶わん、料理用の鉢]]
0209	**fence** [féns]	图 [フェンス [囲い]]

0199 Bears contribute to the ecological balance of the (**forest**).

熊は森林の生態系のバランスに貢献している。

0200 Take the next (**freeway**) exit.

次の高速道路の出口で降りてください。

0201 That restaurant offers special lunches on (**weekdays**).

そのレストランは、平日には特別ランチを提供している。

0202 The (**signal**) turned green.

信号が青に変わりました。

0203 The (**reporter**) was at the site of the traffic accident.

その記者は交通事故の現場にいた。

0204 We got together to pick up trash along the (**coast**).

私たちは海岸沿いのゴミを拾うために集合した。

0205 His stories are full of (**magic**) and monsters.

彼の物語は、魔法と怪物でいっぱいだ。

0206 We saw a herd of (**cows**) grazing on the pasture.

私たちは、雌牛の群れが牧場で草を食べているのを見た。

0207 The (**oxen**) grazed peacefully on the meadow.

牧草地で雄牛が平和そうに草を食べていた。

0208 She was holding a (**bowl**) of popcorn on her lap.

彼女はひざに、ボウル 1 杯分のポップコーンを抱えていた。

0209 A fox jumped over the (**fence**) and entered the farm.

キツネが垣根を跳び越えて、農場に入った。

0210	**metal** [métl]	名 [メタル [金属]]
0211	**sauce** [sɔ́:s]	名 [ソース]
0212	**staff** [stǽf]	名 [スタッフ [職員]]
0213	**training** [tréɪnɪŋ]	名 [トレーニング [訓練]] 動 train 訓練する
0214	**importance** [impɔ́:rtns]	名 [重要性] 形 important 重要な
0215	**canoe** [kənú:]	名 [小舟 [カヌー]]
0216	**difference** [dífərns]	名 [違い] 形 different 異なる　熟 be different from~ ～と異なる　熟 be indifferent to~ ～に無関心である
0217	**guy** [gáɪ]	名 [人]
0218	**salmon** [sǽmən]	名 [(魚の) サケ]
0219	**arrival** [əráɪvl]	名 [到着] 熟 arrive at[in]~ ～に到着する
0220	**port** [pɔ́:rt]	名 [港] 動 import 輸入する　名 import 輸入　動 export 輸出する　名 export 輸出　動 transport 輸送する

42

0210
The factory produces many kinds of (metal) goods.

その工場は、たくさんの種類の金属製品を製造している。

0211
She poured her special (sauce) over the steak.

彼女はステーキに特別ソースをかけた。

0212
The company is looking to hire more (staff).

その会社は、さらに多くの職員を雇用しようとしている。

0213
He goes to the gym for (training) on weekends.

彼は週末に、トレーニングのためにジムに通っている。

0214
They recognize the (importance) of education.

彼らは教育の重要性を認識している。

0215
They rented a (canoe) to explore the lake.

彼らは湖を探索するために、カヌーを借りた。

0216
What is the (difference) between your opinion and mine?

あなたの意見と私の意見の違いは何ですか？

0217
The (guy) who repaired my car did a really good job.

私の車を修理してくれた男性は、本当に良い仕事をした。

0218
(Salmon) swim against the flow of water to lay eggs.

鮭は卵を産むために、流れに逆らって泳ぐ。

0219
We have been waiting for the (arrival) of our guests.

私たちはお客様の到着を、ずっと待っているんです。

0220
The ship carrying the president is leaving the (port).

大統領を乗せた船が、港を出て行こうとしている。

0221	**vase** [véɪs]	名 [花瓶]
0222	**tail** [téɪl]	名 [尾]
0223	**button** [bʌ́tn]	名 [ボタン]
0224	**sense** [séns]	名 [感覚、意味] 形 sensible 分別のある　形 sensitive 敏感な　熟 in a sense ある意味では　熟 make sense 意味をなす
0225	**energy** [énərdʒi]	名 [活力 [エネルギー]] 形 energetic 元気な
0226	**gate** [géɪt]	名 [門]
0227	**victory** [víktəri]	名 [勝利]
0228	**danger** [déɪndʒər]	名 [危険] 熟 be in danger 危険な状態である
0229	**bottom** [bá:təm]	名 [底]
0230	**law** [lɔ́:]	名 [法律] 形 legal 合法的な 形 illegal 違法な
0231	**studio** [st(j)ú:diòu]	名 [スタジオ]

44

0221

She put some flowers in the crystal (**vase**) carefully.

彼女は注意深く、そのクリスタルの花瓶に花を入れた。

0222

The dog wagged its (**tail**) when its owner came home.

その犬は、飼い主が帰ってきたとき尻尾を振った。

0223

Push this (**button**) and you can turn on the TV.

このボタンを押せば、テレビをつけられますよ。

0224

He is superior to me regarding his (**sense**) of humor.

彼はユーモア感覚という点で、私よりも優れている。

0225

Some countries still depend on nuclear (**energy**).

今でも原子力に頼っている国もある。

0226

Shall we meet in front of the (**gate**) of the museum?

美術館の門の前で待ち合わせしましょうか？

0227

The coach has led the team to (**victory**) three times.

そのコーチは、そのチームを3回勝利に導いている。

0228

Many species are in (**danger**) of extinction these days.

最近、たくさんの種が絶滅の危機にある。

0229

She found her lost phone at the (**bottom**) of her bag.

彼女はかばんの底に、なくしていた電話を見つけた。

0230

The (**law**) requires every driver to wear seatbelts.

法律はすべての運転手が、シートベルトを着用することを求めている。

0231

She rented a small (**studio**) to start her piano school.

彼女はピアノ教室を始めるために、小さなスタジオを借りた。

0232	**parade** [pəréɪd]	名 [行進 [パレード]]
0233	**shade** [ʃéɪd]	名 [陰]
0234	**shadow** [ʃǽdou]	名 [影]
0235	**romance** [roumǽns]	名 [恋愛] 形 romantic 空想的な、恋愛の
0236	**symbol** [símbl]	名 [象徴]
0237	**weight** [wéɪt]	名 [重さ] 熟 lose weight 減量する 熟 gain weight 太る
0238	**knee** [níː]	名 [ひざ] 熟 on hands and knees 四つん這いで
0239	**stomach** [stʌ́mək]	名 [胃] 名 stomachache 胃痛、腹痛
0240	**furniture** [fə́ːrnɪtʃər]	名 [家具]
0241	**partner** [páːrtnər]	名 [仲間 [パートナー]]
0242	**nest** [nést]	名 [巣]

0232 The annual Christmas (parade) will start soon.

年1回のクリスマスパレードが、間もなく始まります。

0233 Let's take a rest under the (shade) of that tree.

あの木の陰で少し休憩しようよ。

0234 The cat was chasing its own (shadow) on the ground.

猫が地面に映った自分の影を追いかけていた。

0235 My mother loves to read (romance) novels.

私の母は、恋愛小説を読むのが大好きなんです。

0236 Pigeons are considered a (symbol) of peace.

鳩は平和の象徴だと考えられている。

0237 He has been trying to lose (weight) for several months.

彼は数ケ月間、体重を減らそうとし続けている。

0238 She fell down the stairs and injured her (knee).

彼女は階段から落ちて、ひざをけがした。

0239 He felt a pain in his (stomach) after eating curry.

彼はカレーを食べた後、胃に痛みを感じた。

0240 I need to buy some (furniture) for my apartment.

新しいアパートのための家具を買う必要がある。

0241 He works on his new business with his (partner).

彼はパートナーと一緒に、新しい商売に取り組んでいる。

0242 A mother bird is building a (nest) for her young birds.

母鳥がひなのために巣を作っている。

enough 0243 [ɪnʌ́f]	形 [十分な] 副 [十分に] 熟 enough to~ ~するのに十分な
afraid 0244 [əfréɪd]	形 [怖がって] 熟 be afraid of~ ~を恐れる
less 0245 [lés]	形 [より少ない] 熟 less than~ ~未満の
local 0246 [lóukl]	形 [地元の]
worldwide 0247 [wə́:rldwáɪd]	形 [世界的な] 副 [世界中で]
crowded 0248 [kráudɪd]	形 [混雑した] 名 crowd 群衆 熟 be crowded with~ ~で混雑している
dangerous 0249 [déɪndʒərəs]	形 [危険な] 名 danger 危険、危険性 熟 be in danger 危険な状態である
past 0250 [pǽst]	形 [過去の、過ぎ去った] 名 [過去] 熟 in the past 過去には
friendly 0251 [fréndli]	形 [友好的な、親切な]
gentle 0252 [dʒéntl]	形 [優しい] 副 gently 優しく
several 0253 [sévrəl]	形 [いくつかの]

He doesn't earn (**enough**) money to buy a new car.

彼は新しい車を買うのに、十分なお金を稼いでいない。

I'm (**afraid**) of the dark.

私は暗闇が怖いです。

I have to consume (**less**) sugar in order to lose weight.

体重を減らすために、砂糖の消費を減らさないといけない。

The restaurant is famous for its delicious (**local**) dishes.

そのレストランはおいしい地元料理で有名です。

My favorite band will start a (**worldwide**) tour next month.

私の好きなバンドが来月、世界ツアーを始めます。

The street was (**crowded**) with people during the parade.

その通りはパレードのあいだ、人で混雑していた。

I don't recommend swimming in that (**dangerous**) lake.

あの危険な湖で泳ぐことはお勧めしません。

Don't dwell on the (**past**).

過去に囚われないでください。

She greeted her new neighbors with a (**friendly**) smile.

彼女は友好的に微笑みながら、新しい隣人にあいさつした。

She talked to the child in a (**gentle**) voice.

彼女はその子どもに優しい声で話しかけた。

She received (**several**) awards for her performance.

彼女は演奏に対して、いくつかの賞を受けた。

0254	**terrible** [térəbl]	形 [ひどく悪い、恐ろしい] 副 terribly とても 動 terrify 怖がらせる
0255	**loud** [láud]	形 [大声の、(音が) 大きい] 副 loudly 大声で 副 aloud 声に出して
0256	**billion** [bíljən]	形 [10億の] 名 trillion 1兆
0257	**million** [míljən]	形 [100万の] 熟 millions of~ 何百万もの~
0258	**human** [hjú:mən]	形 [人間の]　名 [人間] 形 humane 慈悲深い
0259	**either** [í:ðər]	形 [どちらの~でも、どちらかの~] 熟 either A or B AまたはB　熟 neither A nor B Aも Bも~ない　熟 both A and B AとBの両方とも
0260	**successful** [səksésfl]	形 [成功した] 名 success 成功 熟 succeed in~ ~に成功する
0261	**natural** [nǽtʃərəl]	形 [自然の] 副 naturally 自然に　名 nature 自然 熟 by nature 生まれつき
0262	**excellent** [éksələnt]	形 [優れた]
0263	**public** [pʌ́blɪk]	形 [公共の、公立の] 熟 in public 人前で
0264	**private** [práɪvət]	形 [私的な、私立の]

0254 The storm caused (**terrible**) damage to the village.

嵐がその村にひどい損害を引き起こした。

0255 The thunder was so (**loud**) that we were all surprised.

雷の音がとても大きかったので、私たちはみんな驚いた。

0256 The company's annual budget reached a (**billion**) dollars.

その会社の年間予算が 10 億ドルに達した。

0257 They will invest a (**million**) dollars into their new product.

彼らは新製品に、100 万ドルを投資するつもりだ。

0258 (**Human**) civilization is making significant advancements.

人間の文明は、著しい進歩を遂げている。

0259 (**Either**) option works for me.

どちらの選択肢も私にとっては大丈夫です。

0260 He worked hard in order to be (**successful**) in business.

彼は事業で成功するために、一生懸命に働いた。

0261 The national park is famous for its (**natural**) beauty.

その国立公園は、その自然の美しさで有名だ。

0262 He received an award for his (**excellent**) presentation.

彼は優れたプレゼンで賞を受けた。

0263 (**Public**) transportation is easily available in this city.

この都市では、公共交通機関が簡単に利用できます。

0264 He rented a (**private**) office to work without distractions.

彼は気を散らさずに仕事をするため、個人オフィスを借りた。

bright [bráɪt] 0265	形 [明るい] 副 brightly 明るく
lonely [lóʊnli] 0266	形 [寂しい] 形 lonesome 寂しい
usual [júːʒuəl] 0267	形 [いつもの] 熟 as usual いつものように 熟 than usual いつもより
enjoyable [ɪndʒɔ́ɪəbl] 0268	形 [楽しい] 動 enjoy 楽しむ
giant [dʒáɪənt] 0269	形 [巨大な]
national [nǽʃənl] 0270	形 [国の] 名 nation 国民、国家 形 international 国際的な
normal [nɔ́ːrml] 0271	形 [標準の] 形 abnormal 異常な
regular [régjələr] 0272	形 [通常の、定期的な] 副 regularly 規則正しく 形 irregular 不規則な
serious [síəriəs] 0273	形 [重大な]
fair [féər] 0274	形 [公平な]
equal [íːkwəl] 0275	形 [平等な] 副 equally 等しく、平等に 熟 be equal to~ ～と等しい、～に匹敵している

0265

She wore a (**bright**) yellow dress to the party.

彼女はパーティーに、明るい黄色のドレスを着て行った。

0266

After moving to the city, he has lead a (**lonely**) life.

都会に引っ越した後、彼は孤独な生活を送っている。

0267

My (**usual**) route to work is blocked due to construction.

私のいつもの通勤ルートが、工事のため通行止めになっている。

0268

We had an (**enjoyable**) evening chatting together.

私たちは一緒におしゃべりをして、楽しい夜を過ごした。

0269

A (**giant**) oak tree stands in front of my house.

私の家の前に、巨大な樫の木が立っているんです。

0270

The (**national**) flag represents the unity of the nation.

その国旗は国の団結を表しています。

0271

It is (**normal**) to get nervous before a presentation.

プレゼンの前に緊張するのは普通のことだよ。

0272

She is a (**regular**) customer at that restaurant.

彼女はそのレストランの常連客です。

0273

His company is facing (**serious**) financial difficulties.

彼の会社は、深刻な財政難に直面している。

0274

The rule of the match should be (**fair**) to all participants.

その試合のルールは、すべての参加者に公平であるべきだ。

0275

It is fair to give all people (**equal**) opportunity.

すべての人に平等な機会を与えるのが、公正なことです。

0276	**asleep** [əslíːp]	形 [眠って] 熟 fall asleep 眠る
0277	**wild** [wáild]	形 [野生の]
0278	**deep** [díːp]	形 [深い] 名 depth 深さ
0279	**even** [íːvn]	副 [～でさえ] 熟 even if~ たとえ～でも 熟 even though~ ～だけれども
0280	**never** [névər]	副 [決して～ない、一度も～ない]
0281	**ever** [évər]	副 [今までに] 熟 as ever いつものように 熟 as ~ as ever 相変わらず～
0282	**probably** [prɑ́ːbəbli]	副 [おそらく] 名 probability 可能性
0283	**forward** [fɔ́ːrwərd]	副 [前方へ] 熟 look forward to~ ～を楽しみにする
0284	**anyway** [éniwèi]	副 [とにかく]
0285	**fairly** [féərli]	副 [かなり]
0286	**quite** [kwáit]	副 [かなり]

単語編

ランク
A
B
C

形容詞・副詞など

0276 I couldn't hear the alarm because I was sound (**asleep**).

ぐっすり眠っていたので、アラームが聞こえなかったんだ。

0277 The boy was excited to find a (**wild**) rabbit in the yard.

その男の子は、庭で野生のうさぎを見つけてわくわくした。

0278 She looked into his eyes and saw (**deep**) sadness there.

彼女は彼の目を覗き込んで、そこに深い悲しみを見た。

0279 It was so hot that (**even**) the ice cream melted quickly.

とても暑かったので、アイスクリームでさえすぐに溶けた。

0280 She had (**never**) been to Europe before.

彼女は今までに一度もヨーロッパに行ったことがなかった。

0281 Have you (**ever**) seen a wild panda in your life?

あなたは人生で、野生のパンダを見たことがありますか？

0282 We will (**probably**) go fishing if the weather is good.

もし天気が良かったら、僕たちはたぶん釣りに行くよ。

0283 She stepped (**forward**) and introduced herself.

彼女は前に進み出て、自己紹介をした。

0284 I know the project is risky but I will try it (**anyway**).

その事業が危険だとわかっているけど、とにかくやってみるよ。

0285 He got (**fairly**) good scores on the entrance exams.

彼は入試でかなり良い得点を取った。

0286 She was (**quite**) tired from her day's work.

彼女は1日の仕事で、かなり疲れてしまっていた。

0287	**luckily** [lʌ́kəli]	副 [運良く] 名 luck 運 形 lucky 運の良い　形 fortunate 運の良い
0288	**alone** [əlóun]	副 [一人で] 熟 by oneself 一人で、自力で 熟 for oneself 一人で、自分のために
0289	**nearby** [níərbái]	副 [近くに]
0290	**nearly** [níərli]	副 [ほとんど] 副 almost ほとんど
0291	**anymore** [ènimɔ́ːr]	副 [もう〜（ない）※否定文で用いられる場合]
0292	**abroad** [əbrɔ́ːd]	副 [外国で] 熟 study abroad 留学する
0293	**overseas** [òuvərsíːz]	副 [海外で]
0294	**perfectly** [pə́ːrfɪktli]	副 [完全に] 形 perfect 完全な
0295	**totally** [tóutəli]	副 [完全に] 名 total 合計 形 total 全体の
0296	**originally** [ərídʒənəli]	副 [もともとは、最初は] 形 original 元の 名 origin 起源
0297	**clearly** [klíərli]	副 [はっきりと] 形 clear 晴れた

0287
(**Luckily**), the rain stopped just before our departure.

運良く、私たちが出発する直前に雨が止んだ。

0288
He decided to spend the weekend (**alone**) in his room.

彼は週末を、一人で部屋で過ごすことにした。

0289
The hotel has a convenience store (**nearby**).

そのホテルの近くには、コンビニエンスストアがあります。

0290
I (**nearly**) missed my usual bus this morning.

私は今朝、もう少しでいつものバスを逃すところだった。

0291
I'm afraid she does not work here (**anymore**).

恐れ入りますが、彼女はもうここで働いていません。

0292
She has decided to start a new life (**abroad**).

彼女は海外で新生活を始めることに決めた。

0293
My cousin will move (**overseas**) to start a new business.

僕の従兄弟は、新しい商売を始めるために海外に引っ越すつもりだ。

0294
Those shoes he gave me fit me (**perfectly**).

彼がくれたその靴は、私にぴったり合う。

0295
I (**totally**) agree with your opinion about the war.

戦争に関する君の意見に完全に同意します。

0296
(**Originally**), I had planned to go to Australia.

もともと、私はオーストラリアに行く計画を立てていたんです。

0297
The safety information should be shown (**clearly**).

安全性に関する情報は、はっきりと示されるべきだ。

safely 0298 [séɪfli]	副 [安全に] 名 safety 安全 形 safe 安全な
carefully 0299 [kéərfəli]	副 [注意深く] 形 careful 注意深い 形 careless 不注意な
straight 0300 [stréɪt]	副 [まっすぐに]
without 0301 [wɪðáut]	前 [～なしに、～がなければ] 熟 without fail 必ず、間違いなく
within 0302 [wɪðín]	前 [～以内に]
onto 0303 [á:ntə]	前 [～の上に]
upon 0304 [əpá:n]	前 [～の上で、～するとすぐに] 熟 once upon a time 昔々
above 0305 [əbʌ́v]	前 [～の上に、～より上で] 熟 above all とりわけ、何よりも
along 0306 [əlɔ́(:)ŋ]	前 [～に沿って] 熟 along with~ ～と一緒に
nobody 0307 [nóʊbà:di]	代 [誰も～ない]
none 0308 [nʌ́n]	代 [誰も～ない]

0298
Make sure that children can play (**safely**) here.

ここで子どもが安全に遊べることをたしかめてください。

0299
She (**carefully**) followed the recipe to make a good dish.

彼女はおいしい料理を作るために、注意深くレシピに従った。

0300
Go (**straight**) for two blocks, and you will find the post office.

2区画まっすぐ行けば、郵便局が見つかりますよ。

0301
(**Without**) your help, we couldn't have finished the task.

あなたの手助けがなかったら、その仕事を終えられなかったでしょう。

0302
We have to finish the task (**within**) just two weeks.

私たちはたった2週間以内に、その仕事を終えなければならない。

0303
She carefully placed the vase (**onto**) the table.

彼女は注意深く、その花瓶をテーブルの上に置いた。

0304
She called her parents (**upon**) arriving at the airport.

彼女は空港に着くと、すぐに両親に電話をした。

0305
The temperature in the room was (**above**) 30 degrees.

その部屋の温度は30度を超えていた。

0306
I enjoyed walking (**along**) the beach near the hotel.

私はホテルの近くの浜辺に沿って歩くのを楽しんだ。

0307
I looked around, but there was (**nobody**) in sight.

周りを見渡したが、見えるところには誰もいなかった。

0308
(**None**) of my students could answer my question.

私の学生たちのうち、誰も質問に答えられなかった。

0309	**neither** [níːðər]	代 [どちらも~でない] 熟 neither A nor B A でも B でもない
0310	**might** [máit]	助 [~してもよい、~かもしれない]　名 [力]
0311	**since** [síns]	接 [~して以来]　前 [~以来]
0312	**while** [hwáil]	接 [~するあいだに、~だが一方] 熟 for a while しばらくのあいだ　熟 after a while しばらくして　熟 once in a while ときどき
0313	**although** [ɔːlðóu]	接 [~だけれども]
0314	**whenever** [hwenévər]	接 [~するときはいつでも、いつ~しようとも] 熟 every time~ ~するときはいつでも 熟 each time~ ~するたびに
0315	**wherever** [hweərévər]	接 [~するところはどこでも、どこで~しようとも]
0316	**constant** [káːnstənt]	形 [絶え間ない]
0317	**round** [ráund]	形 [丸い]　名 [丸]　前 [~を回って]
0318	**finally** [fáinəli]	副 [最後に、ついに、とうとう] 形 final 最後の　熟 at last ついに、とうとう 熟 in the end ついに、とうとう
0319	**ill** [íl]	形 [病気の] 熟 speak ill of~ ~の悪口を言う

60

単語編

ランク
A

B

C

形容詞・副詞など

0309 (**Neither**) of the job options was appealing to me.

仕事の選択肢のどちらも、私には魅力的でなかった。

0310 He (**might**) be late because of the traffic jam.

交通渋滞のせいで、彼は遅れてくるかもしれません。

0311 It has been raining (**since**) last Thursday.

この前の木曜日からずっと、雨が降っています。

0312 (**While**) I was cooking dinner, the doorbell rang.

夕食を作っているあいだに、玄関のベルが鳴った。

0313 (**Although**) he was tired, he continued his work till late.

疲れていたけれど、彼は遅くまで仕事を続けた。

0314 (**Whenever**) I'm in trouble, I ask him for help.

困ったときはいつも、彼に助けを求めるんだ。

0315 (**Wherever**) he goes, he brings his favorite novel.

どこに行こうと、彼は大好きな小説を持っていく。

0316 Her (**constant**) effort finally paid off.

彼女の絶え間ない努力がついに報われた。

0317 We enjoyed a chat surrounding the (**round**) table.

私たちは丸いテーブルを囲んでおしゃべりを楽しんだ。

0318 After years of hard training, they (**finally**) won the prize.

何年も一生懸命に訓練して、彼らはついに賞を勝ち取った。

0319 I cannot attend school today because I feel (**ill**).

気分が悪いので、今日は学校に出席できません。

0320 **noisy** [nɔ́ızi]	形 [うるさい]
0321 **sometime** [sʌ́mtàım]	副 [いつか、あるとき]
0322 **used** [jú:zd]	形 [中古の] 形 secondhand 中古の
0323 **other** [ʌ́ðər]	形 [他の] 形 another もう一つの
0324 **safe** [séıf]	形 [安全な、無事な] 名 [金庫] 名 safety 安全、安全性
0325 **once** [wʌ́ns]	副 [一度] 接 [いったん〜すると] 副 twice 2回
0326 **else** [éls]	副 [他に] 副 elsewhere 他のどこかで
0327 **quickly** [kwíkli]	副 [素早く] 形 quick 素早い
0328 **easily** [í:zəli]	副 [簡単に] 動 ease 緩和する 熟 with ease 簡単に
0329 **pretty** [príti]	形 [かわいい、きれいな] 副 [かなり、相当に]
0330 **dead** [déd]	形 [死んでいる]

The room was so (**noisy**) that we couldn't hear him.

部屋がとてもやかましかったので、彼の声が聞こえなかった。

0320

I'll get back to you (**sometime**) late in the afternoon.

午後遅い時間のどこかで、あなたに返事をします。

0321

He couldn't afford to buy even a (**used**) car.

彼は中古車さえ買う余裕はなかった。

0322

His plan looked good compared with the (**other**) options.

彼の計画は、他の選択肢と比べてよく見えた。

0323

Make sure to wear a helmet to keep yourself (**safe**).

自分を安全に保つために、必ずヘルメットを着用しなさい。

0324

I remember visiting my grandparents (**once**).

一度、祖父母を訪れたのを覚えています。

0325

I can't join you because I have something (**else**) to do.

他にすることがあるから、ご一緒できません。

0326

She (**quickly**) finished breakfast to catch the bus.

彼女はバスに間に合うために、朝食を素早く済ませた。

0327

With his experience, he (**easily**) solved the math problem.

経験から、彼は簡単にその数学の問題を解いた。

0328

The restaurant offers (**pretty**) good vegetarian dishes.

そのレストランは、かなりおいしい菜食料理を出している。

0329

Surprisingly, flowers bloomed on the (**dead**) tree.

驚いたことに、枯れた木に花が咲いた。

0330

0331	**basic** [béɪsɪk]	形 [基本的な] 名 base 土台、根拠 熟 be based on~ ~に基づいている
0332	**original** [ərídʒənl]	形 [元の、独創的な] 名 origin 起源、根源 副 originally もともと
0333	**cheap** [tʃi:p]	形 [安い、安価な] 形 expensive 高い、高価な 形 inexpensive 安い、安価な
0334	**careful** [kéərfl]	形 [注意深い] 副 carefully 注意して
0335	**healthy** [hélθi]	形 [健康的な] 名 health 健康 形 healthful 健康的な
0336	**active** [ǽktɪv]	形 [元気な、活発な] 名 activity 活動
0337	**gently** [dʒéntli]	副 [優しく、穏やかに] 形 gentle 優しい、穏やかな 名 gentleman 紳士
0338	**delicate** [délɪkət]	形 [微妙な、繊細な、精巧な]
0339	**absent** [ǽbsənt]	形 [欠席している、不在の] 名 absence 欠席、不在
0340	**present** [prézənt]	形 [出席している、その場にいる、現在の] 名 [贈り物] 名 presence 存在
0341	**yet** [jét]	副 [まだ、もう]　接 [しかし]

単語編

ランク A B C

形容詞・副詞など

0331
He teaches (**basic**) physics theory at a college.

彼は大学で物理学の基本理論を教えている。

0332
She wore a unique and (**original**) costume to the party.

彼女は、パーティーに独特で独創的な衣装を着て行った。

0333
I bought a (**cheap**) pair of sunglasses at a discount store.

ディスカウントストアで安いサングラスを買ったんだ。

0334
She is a (**careful**) driver who always follows traffic rules.

彼女はいつも、交通ルールを守る注意深いドライバーです。

0335
She told me a salad was a (**healthy**) choice for lunch.

彼女が私に、サラダは健康に良い昼食の選択肢だと教えてくれた。

0336
The volcano is still (**active**) and may erupt anytime.

その火山はまだ活発で、いつでも噴火するかもしれない。

0337
He tried to talk (**gently**) so as not to frighten the boy.

彼はその男の子を怖がらせないように、優しく話すように努めた。

0338
He keeps a (**delicate**) balance between his work and life.

彼は仕事と生活のあいだで、微妙なバランスを保っている。

0339
She was (**absent**) from school because she had a fever.

彼女は熱があったので学校を休んだ。

0340
Only (**present**) employees may vote.

出席している従業員のみ投票できます。

0341
The dog is trained well, (**yet**) it sometimes misbehaves.

その犬はよく訓練されているが、それでもときどき行儀が悪い。

0342	**international** [ìntərnǽʃənl]	形 [国際的な、国家間の] 形 national 国の、国民の 名 nation 国、国民
0343	**equally** [íːkwəli]	副 [平等に、等しく] 形 equal 平等な、等しい 名 equality 平等
0344	**historical** [hɪstɔ́rɪkl]	形 [歴史上の、歴史的な] 名 history 歴史、履歴
0345	**charming** [tʃɑ́ːrmɪŋ]	形 [魅力的な]
0346	**until** [əntíl]	接 [〜まで]　前 [〜まで] 接 till 〜まで 前 till 〜まで
0347	**somewhere** [sʌ́mhwèər]	副 [どこかに、どこかで]
0348	**anywhere** [énihwèər]	副 [どこにでも]
0349	**directly** [dəréktli]	副 [直接] 形 direct 直接的な 形 indirect 間接的な
0350	**certainly** [sə́ːrtnli]	副 [たしかに] 形 certain たしかな、ある特定の
0351	**exactly** [ɪgzǽktli]	副 [正確に、まさしく] 形 exact 正確な
0352	**toward** [tɔ́ːrd]	前 [〜のほうへ、〜に対して]

単語編

ランク
A
B
C

形容詞・副詞など

0342
The (international) flight was delayed by an hour.

国際便が1時間遅れていた。

0343
Both teams played (equally) well in the final match.

両方のチームが決勝戦で同じぐらいよくプレイした。

0344
The (historical) importance of this temple attracts tourists.

この寺の歴史的重要性が旅行客を魅了する。

0345
To imagine living on a tropical island is (charming) to me.

熱帯の島で暮らすのを想像することは、私には魅力的です。

0346
He waited for half an hour (until) she finally appeared.

彼はついに彼女が現れるまで、30分待った。

0347
I would like to travel (somewhere) for my next vacation.

次の休暇にはどこかに旅行したいな。

0348
She is willing to do volunteer work (anywhere).

彼女はどこででも喜んでボランティアをします。

0349
She asked him (directly) whether he liked her hairstyle.

彼女は彼に、自分の髪形を気に入っているかと直接尋ねた。

0350
(Certainly) you are right, but I don't agree completely.

たしかに君は正しいが、完全に同意するわけではない。

0351
She followed the recipe (exactly) to ensure dish was delicious.

確実に料理がおいしくなるように、彼女は正確にレシピに従った。

0352
She always shows a kind attitude (toward) her students.

彼女はいつも、学生たちに親切な態度を示している。

0353	**professional** [prəféʃənl]	形 [プロの、専門職の]
0354	**mental** [méntəl]	形 [精神的な] 形 physical 肉体の、物理的な
0355	**technical** [téknɪkəl]	形 [技術の、工業技術の] 名 technique 技術、技法
0356	**pure** [pjúər]	形 [純粋な、混じり気のない] 名 purity 純粋、純粋さ 動 purify 浄化する、きれいにする
0357	**smart** [smáːrt]	形 [賢い、聡明な]
0358	**naturally** [nǽtʃərəli]	副 [自然に、当然ながら、生まれつき] 形 natural 自然の、当然な
0359	**delicious** [dɪlíʃəs]	形 [おいしい]
0360	**portable** [pɔ́ːrtəbl]	形 [携帯用の]
0361	**still** [stíl]	副 [今でも、それでも、さらに] 形 動かずじっとしている
0362	**following** [fáːlouɪŋ]	形 [次の、下記の] 形 above 上の、上記の
0363	**real** [ríːl]	形 [本物の、現実の] 名 reality 現実

0353

He was praised for his (**professional**) achievements.

彼は仕事上の業績を称賛された。

0354

She needs some advice to improve her (**mental**) condition.

彼女は精神状態を改善するために、アドバイスが必要だ。

0355

A (**technical**) problem occurred during the live broadcast.

生放送中に技術的な問題が起こった。

0356

The (**pure**) water from the spring tasted refreshing.

泉から出る純粋な水はさわやかな味がした。

0357

She is a (**smart**) student who always gets top grades.

彼女はいつもトップの成績を取る賢い学生です。

0358

Babies (**naturally**) reach out for everything out of curiosity.

赤ちゃんというものは当然、好奇心からあらゆる物に手を伸ばす。

0359

We had a (**delicious**) dinner at a new Italian restaurant.

僕たちは、新しいイタリアンレストランでおいしい夕食をとった。

0360

A (**portable**) speaker allows you to enjoy music anywhere.

携帯用スピーカーがあれば、どこでも音楽を楽しめるよ。

0361

Despite the rainy weather, they are (**still**) going fishing.

雨天にもかかわらず、彼らは依然として釣りに出かけようとしている。

0362

Read the (**following**) sentence and answer the questions.

次の文章を読んで質問に答えなさい。

0363

He faced (**real**) challenges when he started his business.

彼は事業を始めたときに、真の課題に直面した。

0364	**standard** [stǽndərd]	形 [標準的な、基準となる]
0365	**dramatic** [drəmǽtɪk]	形 [劇的な、急激な]
0366	**crazy** [kréizi]	形 [頭のおかしい、夢中になっている] 熟 be crazy about~ ～に夢中になっている
0367	**suddenly** [sʌ́dnli]	副 [突然に] 熟 all of a sudden 突然に 熟 all at once 突然に
0368	**simply** [símpli]	副 [たんに] 形 simple 単純な
0369	**single** [síŋgl]	形 [単一の、独身の] 熟 every single~ ありとあらゆる～
0370	**sharp** [ʃá:rp]	形 [鋭い]
0371	**foolish** [fú:lɪʃ]	形 [愚かな] 名 fool 愚か者
0372	**salty** [sɔ́(:)lti]	形 [塩辛い] 名 salt 塩
0373	**everyday** [évridèɪ]	形 [毎日の]
0374	**handsome** [hǽnsəm]	形 [顔立ちの良い]

0364

Meet the (**standard**) requirements.

標準の要件を満たしてください。

0365

His sudden retirement had a (**dramatic**) impact on us.

彼の突然の退職は、私たちに劇的な影響を与えた。

0366

My son has been (**crazy**) about online games.

うちの息子は最近オンラインゲームに夢中になっている。

0367

I was walking home when it (**suddenly**) began raining.

突然雨が降り出したとき、私は家まで歩いているところでした。

0368

He explained that complex formula (**simply**) in class.

彼は授業で、その複雑な公式を平易に説明してくれた。

0369

She is currently enjoying her (**single**) life in the city.

彼女は今、都会での独身生活を楽しんでいる。

0370

Be careful of the (**sharp**) edges of the broken glass.

割れたグラスの鋭い角に気を付けなさい。

0371

It was (**foolish**) of me to make the same mistake again.

また同じミスをするなんて、ばかだったな、私は。

0372

Be careful not to consume too much (**salty**) food.

塩分の多い食べ物をたくさん取りすぎないように、気を付けなさい。

0373

I enjoy (**everyday**) tasks, such as cleaning and cooking.

僕は掃除とか料理といった、日常の仕事を楽しんでいる。

0374

That actor is considered the most (**handsome**) in Japan.

その俳優は、日本でいちばんハンサムだと思われている。

0375 **after all**	熟 [結局]
0376 **away from**	熟 [〜から離れて]
0377 **because of**	熟 [〜のために、〜のせいで] 熟 owing to~ 〜のせいで 熟 due to~ 〜のせいで 熟 on account of~ 〜のせいで
0378 **this is because**	熟 [これは〜のためである]
0379 **both A and B**	熟 [AとBの両方とも] 熟 either A or B AかBのどちらか 熟 neither A nor B AでもBでも〜ない
0380 **be busy -ing**	熟 [〜するのに忙しい]
0381 **not A but B**	熟 [AではなくB]
0382 **not only A but (also) B**	熟 [AだけでなくBも] 熟 B as well as A AだけでなくBも
0383 **be close to**	熟 [〜に近い]
0384 **these days**	熟 [最近]
0385 **be different from**	熟 [〜と異なる] 熟 be indifferent to~ 〜に無関心である 熟 differ from~ 〜と異なる

0375

We hesitated, but decided to travel to Asia (**after all**).

私たちはためらっていたが、結局アジアに旅行することにした。

0376

Keep your children (**away from**) the edge of the pool.

子どもたちをプールの端から遠ざけておきなさい。

0377

I couldn't sleep all night (**because of**) the noise outside.

外の物音のせいで、一晩中眠れなかったんだ。

0378

She was late. (**This is because**) the bus didn't come.

彼女は遅刻した。これはバスが来なかったからだ。

0379

His success was due to (**both**) his talent (**and**) diligence.

彼の成功は才能と勤勉さの両方のおかげだった。

0380

She (**is busy preparing**) for her entrance exams now.

彼女は今、入試の準備で忙しい。

0381

Don't you know that she is (**not**) a singer (**but**) a dancer?

彼女が歌手ではなくダンサーだって知らないのかい？

0382

She is (**not only**) beautiful (**but also**) intelligent.

彼女は美しいだけでなく知的でもある。

0383

The convenience store (**is close to**) my workplace.

そのコンビニエンスストアは、私の職場の近くにあります。

0384

Technology evolves quickly (**these days**).

最近、技術は急速に進化しています。

0385

I (**am**) completely (**different from**) her in our opinions.

私は彼女と意見がまったく異なる。

0386	**be far from**	熟 [〜にはほど遠い] 熟 anything but〜 決して〜ではない
0387	**find out**	熟 [〜を見つけ出す]
0388	**at first**	熟 [最初は]
0389	**first of all**	熟 [まず第一に]
0390	**for free**	熟 [無料で] 熟 for nothing 無料で
0391	**give up**	熟 [〜をあきらめる、〜をやめる] 動 quit やめる
0392	**go ahead**	熟 [さあどうぞ]
0393	**go on -ing**	熟 [〜し続ける] 熟 continue to〜 [-ing] 〜し続ける
0394	**go with**	熟 [〜と一緒に行く、〜に似合う]
0395	**be good at**	熟 [〜が得意である] 熟 be poor at〜 〜が下手である
0396	**do A good**	熟 [Aのためになる] 熟 do A harm Aに害を及ぼす

0386

Considering how he acts, he (**is far from**) a gentleman.

彼の振る舞い方を考慮すると、彼は決して紳士ではない。

0387

We haven't (**found out**) the answer to the question.

我々はまだその質問に対する答えを見つけ出していない。

0388

(**At first**), it seemed difficult.

最初は、難しそうに見えました。

0389

(**First of all**), I would like to introduce myself.

まず初めに、自己紹介をしたいと思います。

0390

If you buy three of them, you can get another (**for free**).

それを3つ買えば、もう一つは無料で手に入れられます。

0391

I will never (**give up**) my dream of becoming a vet.

私は獣医になるという夢を、決してあきらめるつもりはない。

0392

(**Go ahead**) if you want to use my computer.

もし私のコンピュータを使いたいのなら、どうぞ。

0393

He (**went on talking**) about his travel experiences.

彼は旅行の体験について話し続けた。

0394

Your new jacket (**goes with**) your shirt.

僕はあなたの新しい上着がシャツに合っていると思うよ。

0395

She (**is good at**) knitting sweaters.

彼女はセーターを編むのが上手だ。

0396

Having healthy eating habits will (**do**) you (**good**).

健康的な食習慣を持つことは、あなたのためになりますよ。

0397	**help A with B**	熟 [AをBのことで手伝う]
0398	**be late for**	熟 [～に遅れる] 熟 be in time for～ ～に間に合う
0399	**look after**	熟 [～の世話をする] 熟 take care of～ ～の世話をする 熟 care for～ ～の世話をする、～が好きである
0400	**look for**	熟 [～を探す] 熟 search for～ ～を探す
0401	**look like**	熟 [～に似ている] 動 resemble 似ている
0402	**be made of**	熟 [(材料) から作られている] 熟 be made from～ ～ (原料) から作られている
0403	**make it to**	熟 [～に間に合う]
0404	**make sure to**	熟 [必ず～する] 熟 make sure～ ～をたしかめる
0405	**more and more**	熟 [ますます、ますます多くの]
0406	**next to**	熟 [～のとなりに]
0407	**in order to do**	熟 [～するために] 熟 so as to～ ～するために

0397
They hired a tutor to (**help**) their son (**with**) his studies.

彼らは息子の勉強を手伝ってくれる家庭教師を雇った。

0398
Don't (**be late for**) the meeting.

会議に遅れないでください。

0399
Would you (**look after**) my dog while I'm away?

私がいないあいだ、犬の面倒を見てくれませんか？

0400
I'm (**looking for**) a present for my friend's birthday.

友人の誕生日用のプレゼントを探しているのですが。

0401
She (**looks like**) her mother.

彼女は母親に似ています。

0402
Is it true that this necklace (**is made of**) gold?

このネックレスが金でできているって本当？

0403
We have to hurry to (**make it to**) the movie.

映画に間に合うためには、急がないといけないよ。

0404
(**Make sure to**) lock the door when you leave the room.

部屋を出るときは必ず、ドアに鍵をかけてね。

0405
(**More and more**) people are becoming interested in AI.

ますます多くの人が AI に興味を持つようになっている。

0406
The post office is located (**next to**) the bookstore.

郵便局は本屋の隣にありますよ。

0407
She studied every day (**in order to**) improve her English.

彼女は英語力を伸ばすために毎日勉強した。

0408	**each other**	熟 [お互い] 熟 one another お互い
0409	**on the other hand**	熟 [他方では]
0410	**some ~, others …**	熟 [~のものもあれば…のものもある]
0411	**pick A up**	熟 [Aを車で迎えに行く]
0412	**right away**	熟 [ただちに] 副 immediately ただちに
0413	**right now**	熟 [ちょうど今]
0414	**on sale**	熟 [売りに出されている、特売で]
0415	**be sold out**	熟 [売り切れである]
0416	**so ~ that …**	熟 [とても~なので…]
0417	**so far**	熟 [今のところは]
0418	**such as**	熟 [例えば~のような]

0408
The two countries have respect for (**each other**).

その2つの国は、お互いに敬意を持っている。

0409
(**On the other hand**), it's expensive.

一方で、それは高いです。

0410
(**Some**) enjoy cooking, while (**others**) simply like eating.

料理を楽しむ人もいれば、たんに食べるのが好きな人もいる。

0411
I will (**pick**) you (**up**) at the airport tomorrow morning.

明日の朝、私が車で空港に迎えに行きますよ。

0412
After calling, the police officers arrived (**right away**).

電話した後、すぐ警官が到着した。

0413
The store is having a sale (**right now**), so let's check it out.

その店はちょうど今セールをしているから、チェックしてみようよ。

0414
The new smartphones will be (**on sale**) next week.

新型のスマホが来週発売になります。

0415
The game I wanted to buy (**was sold out**) at that shop.

僕が買いたかったゲームは、その店では売り切れていた。

0416
The hot dog was (**so**) delicious (**that**) I ordered another.

ホットドッグがとてもおいしかったので、もう一つ注文しちゃった。

0417
I have read the first three chapters of the novel (**so far**).

今までのところ、その小説の初めの3章を読みました。

0418
She likes outdoor activities, (**such as**) hiking and fishing.

彼女は、ハイキングや釣りといった野外活動が好きなんです。

0419	**be sure to**	熟 [必ず~する]
0420	**for sure**	熟 [たしかに]
0421	**take A ... to do**	熟 [Aが~するのに…(時間が)かかる]
0422	**take A for B**	熟 [AをBだと思う] 熟 mistake A for B AをBと取り違える
0423	**take care of**	熟 [~の世話をする] 熟 look after~ ~の世話をする 熟 care for~ ~の世話をする、~が好きである
0424	**take part in**	熟 [~に参加する] 熟 participate in~ ~に参加する 熟 join (in)~ ~に参加する
0425	**think of**	熟 [~を思いつく、~を思い出す、~のことを考える] 熟 come up with~ ~を思いつく
0426	**think of -ing**	熟 [~しようかと思う] 熟 consider -ing ~しようかと思う
0427	**for the first time**	熟 [初めて]
0428	**in time**	熟 [間に合って]
0429	**on time**	熟 [時間通りに] 副 punctually 時間通りに、時間を守って

0419
You (**are sure to**) enjoy the movie I recommended.

あなたは私がおすすめした映画をきっと楽しみますよ。

0420
This restaurant serves good dishes (**for sure**).

このレストランはたしかにおいしい料理を出す。

0421
It will (**take**) him half a day (**to**) finish reading the report.

彼がその報告書を読み終えるのに、半日かかるでしょう。

0422
The lady I (**took for**) your mother was a stranger.

君のお母さんだと思った女性は、知らない人だった。

0423
The hotel staff (**took**) good (**care of**) us during our stay.

ホテルのスタッフは私たちの滞在中、よく面倒を見てくれた。

0424
I will (**take part in**) the international exchange program.

私はその国際交流プログラムに参加するつもりです。

0425
I can't (**think of**) a better way to spend this weekend.

今週末を過ごすための、もっと良い方法を思いつくことなんてできないよ。

0426
She is (**thinking of starting**) her own business.

彼女は自分の商売を始めようかと考えている。

0427
I traveled abroad (**for the first time**) last year.

私は去年、初めて海外旅行をしました。

0428
I arrived at the station just (**in time**) for my train.

僕は電車にぎりぎり間に合うように駅に着いた。

0429
I always make sure to arrive at work (**on time**).

いつも、必ず時間通りに職場に着くようにしています。

0430	too ... to	熟 […すぎて〜できない]
0431	turn off	熟 [〜のスイッチを切る]
0432	turn on	熟 [〜のスイッチを入れる]
0433	be used to	熟 [〜に慣れている] 熟 be accustomed to~ 〜に慣れている
0434	used to do	熟 [昔はよく〜したものだ] 熟 would (often)~ 昔はよく〜したものだ
0435	all the way	熟 [途中ずっと、わざわざ]
0436	by the way	熟 [ところで]
0437	that way	熟 [そのように]
0438	~ as well	熟 [〜もまた]
0439	A as well as B	熟 [Bだけでなく A もまた] 熟 not only B but (also) A Bだけでなく A も
0440	do well	熟 [うまくやる] 熟 do well at school 学校の成績が良い

0430
She was (**too**) tired (**to**) continue working that day.

彼女はその日疲れすぎていて、仕事を続けることができなかった。

0431
Don't forget to (**turn off**) the lights before going home.

家に帰る前に、電気を消すのを忘れないでくださいよ。

0432
Drivers should (**turn on**) their headlights in that tunnel.

運転手は、あのトンネルの中ではヘッドライトをつけるべきだ。

0433
She (**isn't used to**) getting up so early in the morning.

彼女は、朝そんなに早く起きるのに慣れていません。

0434
They (**used to**) go on vacation together when young.

彼らは若かった頃、よく一緒に休暇に出かけていた。

0435
I traveled (**all the way**) to Paris to see the Eiffel Tower.

エッフェル塔を見に、わざわざパリまで旅行したんだ。

0436
(**By the way**), have you heard about their wedding?

ところで、彼らの結婚式のことはもう聞いた？

0437
She is always speaking ill of others (**that way**).

彼女はいつもそんなふうに、他人の悪口ばっかり言っているよ。

0438
I like reading, and I enjoy watching movies (**as well**).

僕は読書が好きだし、映画を見ても楽しいんだ。

0439
She is good at playing the guitar (**as well as**) the violin.

彼女はバイオリンだけでなく、ギターも上手なんだよ。

0440
He practiced hard and (**did well**) at the recital concert.

彼は一生懸命練習して、独奏会ではよくやった。

0441 **be worried about**	熟 [〜を心配する]
0442 **worry about**	熟 [〜について心配する]
0443 **would like ... to do**	熟 […に〜してもらいたい] 熟 want ~ to do 〜に…してもらいたい
0444 **prepare for**	熟 [〜の準備をする] 名 preparation 準備
0445 **differ from**	熟 [〜と異なる] 熟 be different from~ 〜と異なる
0446 **be absent from**	熟 [〜を欠席している] 名 absence 欠席、不在 熟 be present at~ 〜に出席している
0447 **and so on**	熟 [〜など]
0448 **one another**	熟 [お互い] 熟 each other お互い
0449 **believe in**	熟 [〜の価値 [存在] を信じる]
0450 **call on**	熟 [〜 (人) を訪ねる]
0451 **call at**	熟 [〜 (場所) を訪ねる]

熟語

ランク
A

B

C

0441

(**I'm worried about**) my health because I've felt ill.

気分が悪いので、自分の健康状態が心配なんだ。

0442

Don't (**worry about**) such trivial things but think positively.

そんな些細なことを心配していないで、前向きに考えろよ。

0443

I (**would like**) you (**to**) call me.

私はあなたに電話してほしいと思っています。

0444

Our team is practicing hard to (**prepare for**) the match.

僕たちのチームは試合の準備をするために熱心に練習しています。

0445

The two coffee brands (**differ from**) each other in taste.

その2つのコーヒーの銘柄は味が互いに異なる。

0446

I (**was absent from**) school because of a fever.

私は熱があったので、学校を休みました。

0447

He enjoys reading, cooking, traveling, (**and so on**).

彼は読書、料理、旅行などを楽しんでいます。

0448

The twin sisters looked at (**one another**) and smiled.

その双子の姉妹は、お互いを見て微笑んだ。

0449

He (**believes in**) the importance of honesty.

彼は正直の大切さを信じている。

0450

I'm going to (**call on**) my doctor tomorrow morning.

明日の朝、医者を訪れることになっています。

0451

Please (**call at**) our house when you come nearby.

お近くに来られたら、うちに寄ってくださいね。

0452	**change A into B**	熟 [AをBに変える]
0453	**out of date**	熟 [時代遅れの] 熟 up to date 最新の
0454	**all day (long)**	熟 [一日中ずっと] 熟 all night (long) 一晩中ずっと
0455	**fall asleep**	熟 [寝入る] 熟 go to sleep 寝入る
0456	**get out of**	熟 [〜から出る]
0457	**had better**	熟 [〜したほうがいい] 熟 had better not~ 〜しないほうがいい
0458	**have been to**	熟 [〜に行ったことがある]
0459	**as if**	熟 [まるで〜のように] 熟 as though~ まるで〜のように
0460	**laugh at**	熟 [〜を笑う]
0461	**with luck**	熟 [幸運にも] 副 luckily 幸運にも
0462	**at once**	熟 [すぐに、同時に] 副 immediately すぐに

They (**changed**) their garage (**into**) a gym.

0452

彼らはガレージをジムに変えた。

The software you are using is (**out of date**) now.

0453

君が使っているソフトは、今では時代遅れだよ。

He studied (**all day long**) to prepare for the exams.

0454

彼は試験の準備のために、一日中ずっと勉強した。

Take two of these pills when you can't (**fall asleep**).

0455

眠れないときは、この錠剤を 2 錠服用してください。

I found a way to (**get out of**) this difficult situation.

0456

私はこの困難な状況から逃げ出す方法を見つけた。

You (**had better**) see a doctor if you have a problem.

0457

問題があるなら医者に診てもらったほうがいいよ。

He (**has**) never (**been to**) any foreign countries.

0458

彼は一度も外国に行ったことがない。

She smiled at me (**as if**) we had been long friends.

0459

彼女は、まるで私たちが昔からの友達であるかのように微笑んだ。

It is rude of you to (**laugh at**) someone's hairstyle.

0460

人の髪形を笑うなんて失礼だな、君は。

(**With luck**), she passed the driving test on her first try.

0461

運良く、彼女は 1 回目の挑戦で運転免許の試験に合格した。

The teacher told his students to stop chatting (**at once**).

0462

先生が生徒たちに、ただちにおしゃべりをやめるように言った。

0463	**than any other**	熟 [他のどの〜よりも]
0464	**the other day**	熟 [先日]
0465	**run over**	熟 [(車などで) 〜をひく]
0466	**be satisfied with**	熟 [〜に満足している] 名 satisfaction 満足 形 satisfactory 満足のいく
0467	**be sick in bed**	熟 [病気で寝ている]
0468	**start with**	熟 [〜から始まる] 熟 end with~ 〜で終わる
0469	**take it easy**	熟 [気楽にやる]
0470	**all the time**	熟 [いつも、頻繁に]
0471	**be unable to**	熟 [〜できない] 熟 be able to~ 〜できる 熟 be incapable of~ 〜できない
0472	**a variety of**	熟 [さまざまな〜] 形 various さまざまな
0473	**on the way to**	熟 [〜に行く途中で]

0463 Honesty is more valuable (**than any other**) point.

正直は他のいかなる特性よりも価値がある。

0464 I ran into an old friend of mine (**the other day**).

先日、古くからの友達とばったり会った。

0465 I was surprised when I came near to (**running over**) a cat.

猫をひきそうになって驚いた。

0466 She (**is satisfied with**) her current life-style.

彼女は今の生活スタイルに満足している。

0467 He has (**been sick in bed**) with the flu for a week.

彼は1週間、インフルエンザで寝込んでいる。

0468 The ceremony (**started with**) the principal's greeting.

式典は、校長先生のあいさつから始まった。

0469 (**Take it easy**)! Everything will turn out all right.

気楽にやって！ 何もかもうまくいくよ。

0470 My neighbor's dog barks (**all the time**) and annoys us.

隣人の犬がいつも吠えていて、私たちを悩ませているんです。

0471 Our team (**was unable to**) score a goal in the match.

僕たちのチームは、試合で1回もゴールできなかった。

0472 The museum shows (**a variety of**) artwork from abroad.

その博物館は、海外からのさまざまな芸術作品を展示しています。

0473 Will you post this letter (**on the way to**) school?

学校に行く途中で、この手紙を投函しておいてくれない？

0474 **belong to**	熟 [～に所属する、～のものである]
0475 **pay attention to**	熟 [～に注意を払う]
0476 **rather than**	熟 [～ではなく、～よりもむしろ]
0477 **be based on**	熟 [～に基づいている]
0478 **be capable of**	熟 [～できる、～する能力がある]
0479 **in general**	熟 [一般に、全体的に] 副 generally 一般的に、全体的に
0480 **~ or so**	熟 [～かそこら]
0481 **to begin with**	熟 [まず初めに] 熟 to start with まず初めに
0482 **all of a sudden**	熟 [突然に] 副 suddenly 突然に 熟 all at once 突然に
0483 **tend to**	熟 [～する傾向がある] 熟 be apt to~ ～する傾向がある　熟 be inclined to~ ～する傾向がある　名 tendency 傾向
0484 **except for**	熟 [～を除いて] 名 exception 例外

0474

She used to (**belong to**) that environmental organization.

彼女は以前、あの環境団体に所属していました。

0475

(**Pay attention to**) the weather report before you leave.

出かける前に、天気予報に注意を払いなさい。

0476

He walked to work this morning (**rather than**) taking a bus.

彼は今朝、バスに乗らずに歩いて仕事に行った。

0477

This novel (**is based on**) a true story.

この小説は実話に基づいています。

0478

She (**is capable of**) leading the team.

彼女はチームをリードする能力があります。

0479

(**In general**), dogs are faithful animals to humans.

一般的に、犬は人間に対して忠実な動物です。

0480

She has been working on the project for five years (**or so**).

彼女は5年かそこら、ずっとその企画に取り組んでいます。

0481

(**To begin with**), it is necessary for us to raise funds.

まず初めに、資金を集めることが必要だ。

0482

It started raining (**all of a sudden**), and it spoiled our hike.

突然雨が降り始めて、ハイキングを台なしにした。

0483

He (**tends to**) eat unhealthy food when he is busy.

彼は忙しいとき、健康に良くない食べ物を食べる傾向がある。

0484

Our shop opens every day (**except for**) Sunday.

当店は、日曜日以外は毎日開いています。

0485	**on foot**	熟 [徒歩で]
0486	**be full of**	熟 [〜でいっぱいである] 熟 be filled with~ 〜でいっぱいである
0487	**be angry with**	熟 [〜（人）に腹を立てる] 熟 be angry at~（人・もの）に腹を立てる
0488	**ask for**	熟 [〜を求める]
0489	**ask A for B**	熟 [AにBを求める]
0490	**get better**	熟 [（状況などが）良くなる] 動 recover 良くなる、回復する
0491	**learn to do**	熟 [〜できるようになる] 熟 come to~ 〜するようになる
0492	**at least**	熟 [少なくとも] 熟 at most 多くて
0493	**as much as**	熟 [なんと〜も（多くの）]
0494	**contrary to**	熟 [〜と逆に、〜とは反対に]
0495	**but for**	熟 [もし〜がなかったら]

0485
She has decided to go shopping (**on foot**) today.

彼女は、今日は歩いて買い物に行くことに決めている。

0486
The concert hall (**was full of**) excitement and laughter.

コンサートホールは興奮と笑いに満ちていた。

0487
She (**was angry with**) me for forgetting her birthday.

誕生日を忘れたので、彼女は僕に怒っていた。

0488
Can I (**ask for**) your help if I am in trouble?

困った時には、あなたの手助けを求めてもいいですか？

0489
He (**asked**) his teacher (**for**) some advice about his essay.

彼はエッセイについて、先生に助言を求めた。

0490
Her English-speaking ability is (**getting**) much (**better**).

彼女の英語を話す能力は、ずいぶん良くなっている。

0491
My son has (**learned to**) write all of the capital letters.

うちの息子が大文字を全部書けるようになった。

0492
There were (**at least**) 1,000 people in the concert hall.

コンサートホールには少なくとも、1000 人の人がいた。

0493
He spent (**as much as**) 100 dollars on gambling.

彼はギャンブルになんと 100 ドルも費やした。

0494
(**Contrary to**) the weather forecast, it cleared up.

天気予報とは逆に晴れた。

0495
(**But for**) your advice, I couldn't have succeeded.

あなたの助言がなかったら、私は成功しなかったでしょう。

0496	**avoid** [əvɔ́ɪd]	他 [避ける] 熟 avoid -ing 〜するのを避ける
0497	**increase** [ɪnkríːs]	自 [増加する] 動 decrease 減少する
0498	**decrease** [dɪkríːs]	自 [減少する] 動 increase 増加する
0499	**reduce** [rɪd(j)úːs]	他 [減らす] 名 reduction 減少
0500	**count** [káʊnt]	他 [数える、重要である] 名 counter 売り場 熟 count on~ 〜に頼る
0501	**fit** [fít]	他 [(サイズなどが) ぴったり合う] 名 fitness 健康
0502	**confuse** [kənfjúːz]	他 [混乱させる、混同する] 名 confusion 混乱
0503	**cure** [kjúər]	他 [治療する] 熟 cure A of B AのBを治療する
0504	**treat** [tríːt]	他 [治療する、取り扱う] 名 treatment 治療
0505	**block** [blάːk]	他 [(道などを) ふさぐ]　名 [区画]
0506	**escape** [ɪskéɪp]	自 [逃げる]

0496

She chose another way to (**avoid**) seeing her teacher.

彼女は先生と会うのを避けるために、別の道を選んだ。

0497

The number of elderly people is (**increasing**) in Japan.

日本では、高齢者の数が増加している。

0498

The population of that village is (**decreasing**).

あの村の人口は減少している。

0499

We need to (**reduce**) waste.

私たちは廃棄物を減らす必要があります。

0500

The teacher (**counted**) the students in the classroom.

その教師は教室にいる学生を数えた。

0501

The shoes recommended by the store clerk didn't (**fit**) me.

店員に勧められた靴は、私に合わなかった。

0502

His remarks at the conference (**confused**) the attendance.

会議での彼の発言は、出席者を混乱させた。

0503

Will this medicine (**cure**) me of my headache?

この薬は、私の頭痛を治してくれるだろうか？

0504

I have to go to the dentist to have my tooth (**treated**).

私は歯を治療してもらうために、歯医者に行かなければならない。

0505

A big tree fell down and (**blocked**) the road.

大きな木が倒れて、道路をふさいだ。

0506

In an emergency, you can use these stairs to (**escape**).

緊急事態のときには、脱出のためにこの階段を使うことができます。

0507	**connect** [kənékt]	他 [つなぐ] 名 connection 関係
0508	**accept** [əksépt]	他 [受け入れる] 名 acceptance 受け入れ
0509	**burn** [bə́:rn]	自 [燃える]
0510	**delay** [dɪléɪ]	他 [遅らせる]
0511	**communicate** [kəmjú:nəkèɪt]	自 [意思を伝え合う] 名 communication 意思疎通 名 communications 通信網
0512	**provide** [prəváɪd]	他 [供給する、準備する] 熟 provide A with B AにBを与える　熟 providing (that)~ もし~なら　熟 provided (that)~ もし~なら
0513	**remind** [rɪmáɪnd]	他 [思い出させる] 熟 remind A of B AにBのことを思い出させる
0514	**steal** [stí:l]	他 [盗む]
0515	**publish** [pʌ́blɪʃ]	他 [出版する]
0516	**challenge** [tʃǽlɪndʒ]	他 [挑戦する、異議を唱える]
0517	**control** [kəntróʊl]	他 [制御する、管理する] 熟 beyond control 制御できない

0507

This bridge (**connects**) this city with the capital.

この橋は、この都市と首都を結んでいます。

0508

We are willing to (**accept**) anyone that wants to join us.

私たちは参加したい人は誰でも喜んで受け入れます。

0509

She managed to escape from the (**burning**) house.

彼女はなんとか、燃えている家から脱出した。

0510

The departure of this train will be (**delayed**) five minutes.

この電車の出発は 5 分遅れます。

0511

Learning English enables us to (**communicate**) worldwide.

英語を覚えると、世界中で意思疎通できるようになります。

0512

Bees (**provide**) us with honey.

ミツバチは我々にハチミツを提供してくれる。

0513

This photo (**reminds**) me of my happy school days.

この写真は、私に楽しかった学校時代を思い出させる。

0514

She had her purse (**stolen**) on the train.

彼女は電車で財布を盗まれた。

0515

The professor has (**published**) two reference books.

その教授は参考図書を 2 冊出版している。

0516

I (**challenged**) her on her opinion about child education.

私は彼女の児童教育に関する意見に異議を唱えた。

0517

Take this medicine to (**control**) your high blood pressure.

あなたの高血圧を抑えるために、この薬を服用しなさい。

0518	**judge** [dʒʌ́dʒ]	他 [判断する]　名 [裁判官、審判] 名 judgment 判断
0519	**melt** [mélt]	自 [溶ける]
0520	**bite** [báɪt]	他 [噛む]
0521	**chew** [tʃúː]	他 [よく噛む]
0522	**hate** [héɪt]	他 [嫌う] 名 hatred 憎しみ
0523	**dislike** [dɪsláɪk]	他 [嫌う] 動 hate 嫌う、憎む
0524	**separate** [sépərèɪt]	他 [分ける、離す]
0525	**dive** [dáɪv]	自 [飛び込む、ダイビングする] 名 diver 潜水夫
0526	**calm** [káːm]	他 [静める] 名 calm down~ ～をなだめる
0527	**hang** [hǽŋ]	他 [つるす] 熟 hang up 電話を切る
0528	**lower** [lóʊər]	他 [下げる、減らす]

Don't (**judge**) people by your first impression of them.

0518 第一印象で人を判断してはいけない。

The snow will soon (**melt**), and spring will come.

0519 間もなく、雪が溶けて春がやってくるだろう。

The monkey tried to (**bite**) me, but I barely escaped.

0520 猿が私に噛みつこうとしたが、私はかろうじて逃げた。

(**Chew**) your food well before swallowing it.

0521 食べ物を飲み込む前によく噛みなさい。

My daughter (**hates**) tomatoes and won't eat a bit.

0522 うちの娘はトマトが大嫌いで、一口も食べようとしない。

He (**dislikes**) living in the big city alone.

0523 彼は大都市で、一人暮らしするのを嫌っている。

Please (**separate**) the trash.

0524 ゴミを分別してください。

He bravely (**dived**) in to rescue the drowning boy.

0525 彼は勇敢にも、溺れかけている少年を助けるために飛び込んだ。

She gave her son a chocolate bar and (**calmed**) him down.

0526 彼女は息子に板チョコをあげてなだめた。

He (**hung**) his clothes and went to take a shower.

0527 彼は衣服をつって、シャワーを浴びに行った。

She (**lowered**) her voice when she told me the secret.

0528 彼女は私に秘密を打ち明けたとき、声を低くした。

breathe 0529 [bríːð]	自 [呼吸する] 名 breath 呼吸	
decorate 0530 [dékərèɪt]	他 [飾る] 名 decoration 装飾	
survive 0531 [sərváɪv]	他 [生き延びる] 名 survival 生存	
develop 0532 [dɪvéləp]	他 [発展させる、(写真を) 現像する] 名 development 発展、開発	
earn 0533 [ə́ːrn]	他 [稼ぐ] 熟 earn money お金を稼ぐ 熟 earn one's living 生計を立てる	
lock 0534 [láːk]	他 [鍵を掛ける] 動 unlock 鍵を開ける	
measure 0535 [méʒər]	他 [測る] 名 measurement 測定	
request 0536 [rɪkwést]	他 [頼む、要求する] 動 require 要求する 動 demand 要求する	
rescue 0537 [réskjuː]	他 [救う]	
trust 0538 [trʌst]	他 [信用する]	
warn 0539 [wɔ́ːrn]	他 [警告する]	

0529 Try to (**breathe**) slowly when you are nervous on the stage.

舞台で緊張したら、ゆっくり呼吸するよう努めなさい。

0530 Let's (**decorate**) this room for our father's birthday.

お父さんの誕生日のために、この部屋を飾りましょう。

0531 Store some food and water to (**survive**) an emergency.

緊急事態を生き延びるために、食料と水を蓄えておきなさい。

0532 I'm trying to (**develop**) my English-speaking skills.

私は英語を話す技術を伸ばそうとしている。

0533 He (**earns**) twice as much money as I do.

彼は私の2倍のお金を稼いでいる。

0534 Don't forget to (**lock**) the door before you leave.

出て行く前に、忘れずにドアに鍵をかけてください。

0535 We must (**measure**) the impact.

影響を測定する必要があります。

0536 I'll (**request**) the information for you.

その情報をあなたのために要求します。

0537 Volunteers gathered to (**rescue**) the victims of the disaster.

災害の犠牲者を救出するためにボランティアが集まった。

0538 Don't (**trust**) a man who praises you to your face.

面と向かってあなたをほめる人を信用するな。

0539 We (**warn**) children against crossing this fence.

私たちは、子どもたちが垣根を越えないように警告している。

0540	**compare** [kəmpéər]	他[比較する] 名 comparison 比較 形 comparable 比較しうる 熟 compare A with B AをBと比較する 熟 compared with[to]~ ~と比べて
0541	**lie** [láı]	自[横たわる]
0542	**lay** [léı]	他[置く、横たえる、(卵を) 産む]
0543	**claim** [kléım]	他[主張する、要求する]
0544	**argue** [á:rgju:]	他[主張する] 名 argument 議論
0545	**respect** [rıspékt]	他[尊敬する] 名[尊敬、点] 形 respectful 尊敬している 形 respectable 尊敬に値する、立派な 形 respective それぞれの 熟 look up to~ ~を尊敬する、~を尊重する
0546	**harm** [há:rm]	他[害を与える、傷つける] 形 harmful 有害な 形 harmless 無害な 熟 do ~ harm ~に損害を与える
0547	**translate** [trǽnsleıt]	他[翻訳する] 名 translation 翻訳 熟 translate A into B AをBに翻訳する
0548	**approach** [əpróutʃ]	他[近づく、取り組む]
0549	**achieve** [ətʃí:v]	他[達成する] 名 achievement 成績、業績
0550	**consider** [kənsídər]	他[よく考える] 名 consideration 考慮 形 considerable かなりの、相当な 形 considerate 思いやりのある

単語編

A

ランク
B

C

動詞

0540
We (**compared**) the two travel plans carefully.

私たちはその 2 つの旅行計画を慎重に比較した。

0541
He spent the whole afternoon (**lying**) on the bed.

彼は午後、ずっとベッドに横たわって過ごした。

0542
She (**laid**) her baby beside her and started singing.

彼女は赤ちゃんを横に寝かせて、歌を歌い始めた。

0543
Ken (**claims**) that he knows everything about baseball.

ケンは野球のことならなんでも知っていると主張している。

0544
They (**argued**) that we needed economic reforms.

彼らは私たちには経済改革が必要だと主張した。

0545
The novelist is (**respected**) by many readers.

その小説家は、たくさんの読者に尊敬されている。

0546
I'm sorry. I didn't mean to (**harm**) your feelings.

すみません。あなたの感情を傷つけるつもりはなかったのです。

0547
(**Translate**) these sentences into Japanese.

これらの文章を日本語に翻訳してください。

0548
The train is (**approaching**) the station, so stay back.

電車が接近していますから、下がっていてください。

0549
I am willing to make every effort to (**achieve**) my goal.

目標を達成するために、進んであらゆる努力をします。

0550
When we (**consider**) his age, he did considerably well.

彼の年齢を考慮すると、彼はかなりよくやった。

0551	**describe** [dɪskráɪb]	他 [描写する、説明する] 名 description 描写、説明
0552	**destroy** [dɪstrɔ́ɪ]	他 [破壊する] 名 destruction 破壊、破滅 形 destructive 破壊的な
0553	**mention** [ménʃən]	他 [言及する] 熟 not to mention~ ～は言うまでもなく
0554	**shout** [ʃáut]	自 [叫ぶ]
0555	**scream** [skríːm]	自 [叫ぶ]
0556	**vote** [vóut]	自 [投票する]　名 [票、投票] 熟 vote for~ ～に賛成の投票をする 熟 vote against~ ～に反対の投票をする
0557	**ease** [íːz]	他 [和らげる、緩和する] 形 easy 簡単な、気楽な
0558	**elect** [ɪlékt]	他 [(選挙で) 選ぶ、選出する] 名 election 選挙
0559	**promote** [prəmóut]	他 [促進する、昇進させる] 名 promotion 促進、昇進
0560	**praise** [préɪz]	他 [ほめる、称賛する] 名 prize 賞、賞品、賞金
0561	**punish** [pʌ́nɪʃ]	他 [罰する] 名 punishment 罰

単語編

A

ランク
B

C

動詞

0551

The beauty of the scenery can't be (**described**) by words.

その景色の美しさは、言葉で表現できない。

0552

The fire (**destroyed**) the building.

火事がその建物を破壊しました。

0553

The researchers didn't (**mention**) the results of the study.

研究者たちは、その研究の結果を述べなかった。

0554

I had to (**shout**) as it was noisy in the classroom.

教室が騒がしかったので、私は叫ばなければならなかった。

0555

She (**screamed**) when she saw a spider on the ceiling.

彼女は天井のクモを見て、金切り声をあげた。

0556

Every citizen has the right to (**vote**) in a democratic society.

民主主義社会では、すべての国民が投票権を持つ。

0557

Two tablets of this medicine will (**ease**) your headache.

この薬を2錠飲めば、頭痛が和らぐよ。

0558

The committee will (**elect**) George as the new chairperson.

委員会はジョージを新しい議長に選ぶだろう。

0559

My boss told me that he would (**promote**) me next month.

上司が私に、来月昇進させてやると言った。

0560

The manager (**praised**) his employees for their hard work.

経営者は、従業員の熱心な仕事に対して称賛を送った。

0561

I'm ready to be (**punished**) in order to maintain justice.

正義を貫くために、私は罪を受ける心構えができている。

0562	**establish** [ɪstǽblɪʃ]	他 [設立する、確立する] 名 establishment 設立
0563	**survey** [sərvéɪ]	他 [調査する]　名 [調査]
0564	**defend** [dɪfénd]	他 [守る、防御する]
0565	**offend** [əfénd]	他 [怒らせる、気分を害する]
0566	**view** [vjú:]	他 [見る、眺める]　名 [風景、意見、見解] 熟 view A as B AをBと見なす 熟 with a view to -ing ～する目的で
0567	**attack** [ətǽk]	他 [攻撃する]　名 [攻撃]
0568	**behave** [bɪhéɪv]	自 [行動する、振る舞う] 名 behavior 行動 熟 behave oneself 行儀良くする
0569	**reflect** [rɪflékt]	他 [反射する、反映する] 名 reflection 反射、反映
0570	**act** [ǽkt]	自 [行動する、振る舞う、演技をする] 名 actor 俳優
0571	**own** [óʊn]	他 [所有する] 名 owner 所有者、経営者
0572	**edit** [édət]	他 [編集する] 名 editor 編集者

0562
The company (**established**) a new branch.

会社は新しい支店を設立しました。

0563
You should take part in our (**survey**) and make a contribution.

君は我々の調査に参加して、貢献するべきだ。

0564
The goalkeeper's fine play (**defended**) his team's lead.

ゴールキーパーのファインプレイが、チームのリードを守った。

0565
I'm very sorry to have (**offended**) you with my comment.

私のコメントで気分を害させてしまって、本当にごめんなさい。

0566
We could enjoy an excellent (**view**) from the hotel room.

私たちは、ホテルの部屋から素晴らしい眺めを楽しむことができた。

0567
The network seems to have been (**attacked**) by hackers.

ネットワークがハッカーに攻撃されたようだ。

0568
Though she was angry, she tried to (**behave**) naturally.

彼女は怒っていたが、自然に振る舞おうとした。

0569
The lake (**reflected**) the beautiful mountains.

湖が美しい山々を映し出していた。

0570
She (**acted**) gracefully in the school festival play.

彼女は学園祭の芝居で、優雅に演じた。

0571
She (**owns**) a fine restaurant in the center of the city.

彼女は市の中心部に、立派なレストランを所有している。

0572
The professor requested me to (**edit**) my essay again.

教授が私に、またエッセイを編集するように要求してきた。

0573	**label** [léɪbl]	他 [分類する]　名 [ラベル、レッテル]
0574	**greet** [gríːt]	他 [あいさつする]
0575	**notice** [nóʊtəs]	他 [気づく] 形 noticeable 重要な、著しい
0576	**fold** [fóʊld]	他 [折りたたむ、(腕や足を)組む]
0577	**shoot** [ʃúːt]	他 [撃つ]
0578	**wrap** [rǽp]	他 [包む]
0579	**apply** [əpláɪ]	自 [申し込む] 名 application 申し込み、応用　熟 apply for~ ～に申し込む　熟 apply to~ ～に当てはまる
0580	**obey** [oʊbéɪ]	他 [従う] 名 obedience 従順、素直 形 obedient 従順な、素直な
0581	**celebrate** [séləbrèɪt]	他 [祝う] 名 celebration 祝賀 (会)
0582	**recover** [rɪkʌ́vər]	自 [回復する] 名 recovery 回復 熟 recover from~ ～から回復する
0583	**depend** [dɪpénd]	自 [頼る] 名 dependence 依存　形 dependent 頼っている、依存している　熟 depend on~ ～に依存する

0573 I (**label**) my teapots by color to identify them easily.

私は簡単に見分けられるように、ティーポットを色で分類してるんです。

0574 He warmly (**greeted**) us when we arrived at his house.

私たちが彼の家に着いたとき、彼はあたたかくあいさつしてくれた。

0575 I didn't (**notice**) that the lady in front of me was you.

私の前にいた女性が、あなただって気づかなかったんだ。

0576 She (**folded**) the laundry and put it away in the drawers.

彼女は洗濯物をたたんで、引き出しに片付けた。

0577 The soldier is being trained to (**shoot**) a gun.

その兵士は銃を撃つように、訓練されている。

0578 Please (**wrap**) this chocolate as a present.

このチョコレートをプレゼント用に包装してください。

0579 I'm going to (**apply**) for a job at the convenience store.

僕はそのコンビニエンスストアでの仕事に、応募している。

0580 We will not (**obey**) that unreasonable order.

私たちは、その筋の通らない命令に従うつもりはない。

0581 We (**celebrated**) our parents' 30th wedding anniversary.

私たちは、両親の30回目の結婚記念日を祝った。

0582 (**Recovering**) from cancer is not as difficult today.

がんから回復することは、今日ではそれほど難しくない。

0583 You can (**depend**) on me when you are in trouble.

困ったときには、私に頼っていいよ。

0584	**disappoint** [dìsəpɔ́ɪnt]	他 [失望させる] 名 disappointment 失望 熟 be disappointed with~ ~にがっかりする
0585	**waste** [wéɪst]	他 [無駄にする]
0586	**consist** [kənsíst]	他 [成る、構成されている] 熟 consist of~ ~から成る 熟 consist in~ ~にある、~に存する
0587	**explain** [ɪkspléɪn]	他 [説明する] 名 explanation 説明 熟 account for~ ~を説明する、(割合) を占める
0588	**recommend** [rèkəménd]	他 [推薦する] 名 recommendation 推薦
0589	**rely** [rɪláɪ]	自 [頼る、信頼する] 名 reliance 依存、信頼　形 reliable 頼りになる 熟 rely on~ ~を頼りにする
0590	**expand** [ɪkspǽnd]	他 自 [[拡大する、拡張する] 名 expansion 拡大
0591	**abolish** [əbá:lɪʃ]	他 [廃止する]
0592	**benefit** [bénəfɪt]	他 [ためになる、利益をもたらす]
0593	**commit** [kəmít]	他 [(罪を) 犯す、約束する]
0594	**dedicate** [dédəkèɪt]	他 [捧げる]

110

0584
The films by Steven Spielberg will never (**disappoint**) you.

スティーブン・スピルバーグの映画は、絶対にあなたをがっかりさせないよ。

0585
You should not (**waste**) your time because life is short.

人生は短いんだから、時間を無駄にするべきではない。

0586
Our team (**consists**) of players with various nationalities.

僕たちのチームは、いろんな国籍の選手で構成されている。

0587
Mr. Tanaka, please (**explain**) the theory of relativity briefly.

田中先生、相対性理論を簡単に説明してください。

0588
What do you (**recommend**) for dinner tonight?

今日の夕食に何をおすすめしてくれますか？

0589
He still (**relies**) on his parents for his cost of living.

彼は今でも、生活費を親に頼っている。

0590
The restaurant chain (**expanded**) into a new region.

そのレストランチェーン店が新しい地域に進出した。

0591
The government decided to (**abolish**) the death penalty.

政府は死刑制度を廃止することに決めた。

0592
Regular exercise will (**benefit**) your overall health.

定期的に運動をすると、全体的な健康のためになります。

0593
He (**committed**) a serious error with his project.

彼は企画において、重大なミスを犯した。

0594
She (**dedicated**) her whole life to helping poor children.

彼女は全人生を、貧しい子どもを助けることに捧げた。

0595	**garbage** [gá:rbɪdʒ]	名 [生ゴミ]
0596	**trash** [trǽʃ]	名 [ゴミ]
0597	**height** [háɪt]	名 [高さ、身長] 形 high 高い
0598	**principal** [prínsəpl]	名 [校長]　形 [主要な]
0599	**condition** [kəndíʃən]	名 [状態、条件] 熟 on (the) condition that~ ～という条件で
0600	**effect** [ɪfékt]	名 [影響] 形 effective 効果的な、上手な 動 affect 影響する
0601	**goods** [gúdz]	名 [商品]
0602	**knowledge** [ná:lɪdʒ]	名 [知識] 熟 to the best of one's knowledge ～の知る限りでは
0603	**limit** [límət]	名 [限度] 名 limitation 制限、限界
0604	**sight** [sáɪt]	名 [光景、視野、視界] 熟 at the sight of~ ～を見て
0605	**scene** [síːn]	名 [場面、現場]

0595
Please take out your (**garbage**) on Thursday mornings.

生ゴミは木曜日の午前中に出してください。

0596
The street was full of (**trash**) after the parade.

パレードの後、通りはゴミだらけだった。

0597
My daughter is already above average (**height**) for a woman.

うちの娘はすでに女性の平均身長を超えている。

0598
The (**principal**) appeared on the stage and bowed.

校長先生が舞台に現れて、お辞儀をした。

0599
The doctor told me that I was in good (**condition**).

医師は私が良い状態だと言った。

0600
The medicine had a positive (**effect**).

その薬は良い効果がありました。

0601
They exported electronic (**goods**).

彼らは電子商品を輸出しました。

0602
I have (**knowledge**) in various fields.

私はさまざまな分野で知識を持っています。

0603
The speed (**limit**) on this highway is 90 km per hour.

この高速道路の制限速度は、時速 90km です。

0604
The girl began to weep at the (**sight**) of the dentist.

その女の子は、歯医者を見て泣き始めた。

0605
The criminal was arrested when he returned to the (**scene**).

犯人は現場に戻ってきたときに、逮捕された。

0606	**scenery** [síːnəri]	名 [風景]
0607	**fashion** [fǽʃən]	名 [流行、おしゃれ] 形 fashionable 流行の 熟 in fashion 流行している
0608	**disease** [dɪzíːz]	名 [病気] 名 illness 病気 名 sickness 病気
0609	**detail** [díːteɪl]	名 [詳細] 熟 in detail 詳しく
0610	**rainforest** [réɪnfɔ̀ːrəst]	名 [熱帯雨林]
0611	**grass** [grǽs]	名 [草、芝生]
0612	**grocery** [gróʊsəri]	名 [食料雑貨店]
0613	**invitation** [ìnvətéɪʃən]	名 [招待] 動 invite 招待する
0614	**joke** [dʒóʊk]	名 [冗談] 熟 play a joke on~ ～をからかう
0615	**journey** [dʒə́ːrni]	名 [旅行]
0616	**temperature** [témpərtʃər]	名 [温度、気温、体温]

114

0606
She was impressed by the beauty of the (scenery).

彼女はその風景の美しさに感銘を受けた。

0607
Some people enjoy following the latest (fashion).

最新の流行を追いかけて、楽しんでいる人もいる。

0608
Cancer used to be thought of as a terminal (disease).

がんはかつて不治の病だと考えられていた。

0609
He explained the (details) of the contract to me.

彼は私に、契約の詳細を説明してくれた。

0610
There are many unknown species in the (rainforest).

熱帯雨林には、未知の種がたくさんいる。

0611
There were several sheep lying on the (grass).

芝生の上で羊が何頭か寝そべっていた。

0612
They sell many kinds of beer at the (grocery).

その食料雑貨店では、たくさんの種類のビールを販売している。

0613
We accepted the (invitation) and attended the party.

私たちは招待を受け入れて、そのパーティーに出席した。

0614
I couldn't help laughing at his humorous (joke).

私は彼のユーモラスな冗談に、笑わずにはいられなかった。

0615
He has just come back from his (journey) to Antarctica.

彼は南極旅行から帰ってきたばかりです。

0616
I can't stand the high (temperature) in this room anymore.

これ以上この部屋の高温に耐えられないよ。

0617	**memory** [méməri]	名 [記憶、思い出] 動 memorize 記憶する
0618	**president** [prézədənt]	名 [社長、大統領]
0619	**risk** [rísk]	名 [危険] 形 risky 危険な 熟 at risk 危険にさらされて
0620	**custom** [kʌ́stəm]	名 [習慣]
0621	**habit** [hǽbət]	名 [習慣、癖] 熟 be in the habit of -ing 〜する習慣がある
0622	**freedom** [frí:dəm]	名 [自由]
0623	**backyard** [bǽkjáːrd]	名 [裏庭]
0624	**conversation** [kàːnvərséɪʃən]	名 [会話]
0625	**method** [méθəd]	名 [方法]
0626	**image** [ímɪdʒ]	名 [映像] 動 imagine 想像する　形 imaginable 想像できる 形 imaginative 想像力豊かな　形 imaginary 架空の
0627	**jewelry** [dʒú:əlri]	名 [宝石類]

単語編

A

ランク B

C

名詞

0617 My happy school days are still in my (**memory**).

楽しかった学校時代は、今でも私の記憶の中にあります。

0618 The (**president**) addressed the nation.

大統領が国民に演説しました。

0619 Change your eating habits to reduce the (**risk**) of cancer.

がんの危険を軽減するために、食習慣を変えなさい。

0620 Social (**customs**) vary from country to country.

社会習慣は国によって異なる。

0621 Breaking a bad (**habit**) takes time.

悪い習慣を断つのは時間がかかります。

0622 They are fighting for their (**freedom**) of speech.

彼らは、言論の自由を求めて戦っているのです。

0623 What kind of vegetables can be grown in our (**backyard**)?

うちの裏庭で、どんな種類の野菜を栽培できますか？

0624 I had an interesting (**conversation**) with a friend of mine.

私は友人と興味深い会話をした。

0625 This (**method**) is quite effective.

この方法はかなり効果的です。

0626 (**Images**) on the computer screen are clearer than before.

コンピュータの画面上の映像は以前よりも鮮明だ。

0627 She bought a piece of (**jewelry**) to wear at the wedding.

彼女は結婚式で身につける宝石を一つ買った。

0628	**treasure** [tréʒər]	名 [宝]
0629	**airline** [éərlàın]	名 [航空会社]
0630	**adventure** [ədvéntʃər]	名 [冒険]
0631	**article** [á:rtıkl]	名 [記事]
0632	**item** [áıtəm]	名 [品目、項目、商品]
0633	**level** [lévl]	名 [水準]
0634	**license** [láısns]	名 [免許]
0635	**director** [dəréktər]	名 [監督] 動 direct 指示する
0636	**form** [fɔ́:rm]	名 [用紙]　動 [形成する] 名 formation 構成、編成
0637	**ability** [əbíləti]	名 [能力] 形 able 能力のある 名 disability 不能、無能
0638	**sidewalk** [sáıdwɔ̀:k]	名 [歩道]

0628
They left for the exploration to find hidden (**treasure**).

彼らは隠された宝物を見つける冒険に出かけた。

0629
I booked my flight on this (**airline**) as it was the cheapest.

いちばん安かったので、この航空会社で飛行機を予約したんです。

0630
He quit his job to start an (**adventure**) trip overseas.

彼は海外で冒険の旅を始めるために、仕事をやめた。

0631
She writes (**articles**) for a fashion magazine every month.

彼女は毎月、ファッション誌に記事を書いている。

0632
Every (**item**) is 50% off on the clearance sale day.

クリアランスセールの日には、すべての商品が50%引きです。

0633
Your English-speaking skills are at a very high (**level**).

あなたの英語を話す技術はとても高い水準にある。

0634
The police officer told me to show him my driver's (**license**).

警官が私に、運転免許証を見せるように言った。

0635
The (**director**) of this movie was awarded the prize.

この映画の監督は賞を授けられた。

0636
Fill in this application (**form**) and send it to us.

この申し込み用紙に記入して私たちに送ってください。

0637
I want to improve my English-reading (**ability**).

私は英語を読む能力を上達させたいのです。

0638
He was walking on a (**sidewalk**) covered with fallen leaves.

彼は落ち葉に覆われた歩道を歩いているところだった。

0639	**path** [pǽθ]	名 [小道]
0640	**lane** [léɪn]	名 [小道]
0641	**avenue** [ǽvən(j)ù:]	名 [大通り]
0642	**route** [rú:t]	名 [道筋]
0643	**highway** [háɪwèɪ]	名 [幹線道路]
0644	**aisle** [áɪl]	名 [通路]
0645	**degree** [dɪgríː]	名 [度、程度] 名 extent 程度、範囲 熟 to some degree ある程度は
0646	**character** [kǽrəktər]	名 [性格、登場人物、文字] 名 characteristic 特徴 形 characteristic 特徴的な
0647	**charity** [tʃǽrəti]	名 [慈善、思いやり]
0648	**climate** [kláɪmət]	名 [気候] 形 climatic 天候の
0649	**desert** [dézərt]	名 [砂漠] 名 dessert (食後の) デザート

120

0639
The (path) in the park was lined with several cherry trees.

その公園の小道には、桜の木が何本か並んでいた。

0640
We walked along a narrow (lane) to get to the temple.

私たちはその寺に着くために、狭い小道を歩いた。

0641
The trees planted along the (avenue) are maples.

大通り沿いに植えられている木はもみじだよ。

0642
Tell me the shortest (route) to the station from here.

ここから駅までの最短の道筋を教えてください。

0643
This (highway) takes you to the capital in an hour.

この幹線道路を使えば、1時間で首都に着けますよ。

0644
The bride walked down the (aisle) with her father.

花嫁は父親と一緒に通路を歩いた。

0645
Water turns into ice at zero (degrees) Celsius.

水は摂氏0度で氷になる。

0646
His (character) reflects his values.

彼の性格は彼の価値観を反映しています。

0647
He belongs to a (charity) group supporting children.

彼は子どもを支援する慈善グループに所属している。

0648
Many people are concerned about (climate) change.

気候変動を心配している人は多い。

0649
Pyramids were constructed in the middle of a (desert).

ピラミッドは砂漠の真ん中に建設された。

0650	**favor** [féɪvər]	名 [親切な行為] 熟 do me a favor お願いがある 熟 be in favor of~ ~に賛成している
0651	**patient** [péɪʃənt]	名 [患者] 形 [忍耐強い] 名 patience 忍耐、忍耐力
0652	**spot** [spάːt]	名 [地点] 熟 on the spot その場で
0653	**stair** [stéər]	名 [階段]
0654	**tool** [túːl]	名 [道具]
0655	**topic** [tάːpɪk]	名 [話題]
0656	**truth** [trúːθ]	名 [真実] 熟 tell the truth 本当のことを言う 熟 tell a lie 嘘を つく 熟 to tell (you) the truth 実を言うと
0657	**war** [wɔ́ːr]	名 [戦争] 名 warfare 戦争
0658	**plenty** [plénti]	名 [十分] 熟 plenty of~ たくさんの~
0659	**force** [fɔ́ːrs]	名 [力] 動 [強いる]
0660	**strength** [stréŋkθ]	名 [力]

0650

Can you do me a (**favor**)?

お願いを一つしてもいいですか？

0651

To my great relief, the condition of the (**patient**) improved.

とても安心したことに、その患者の状態は良くなった。

0652

We found a great fishing (**spot**) near the bay.

私たちは、その湾の近くにすごい釣り場を見つけた。

0653

In an emergency, you should use (**stairs**), not an elevator.

緊急事態のときには、エレベーターではなく階段を使うべきだ。

0654

A smartphone is a useful (**tool**) in many ways.

スマートフォンは多くの点において役に立つ道具である。

0655

That teacher has wide knowledge on various (**topics**).

その先生はさまざまな話題に関する広い知識がある。

0656

Witnesses are required to tell the (**truth**) in court.

目撃者は、法廷では真実を述べることを要求されている。

0657

We are willing to do anything to avoid a (**war**).

私たちは戦争を避けるためなら、あらゆることを喜んでやります。

0658

You have (**plenty**) of time.

時間はたっぷりある。

0659

No one can resist the (**force**) of gravity on the earth.

地球上の引力に抵抗できる人は誰もいない。

0660

It is necessary to maintain one's mental (**strength**).

精神的な強さを維持することが必要だ。

0661	**position** [pəzíʃən]	名 [位置、地位、立場]
0662	**education** [èdʒukéɪʃən]	名 [教育] 動 educate 教育する
0663	**population** [pàːpjəléɪʃən]	名 [人口] 形 populous 人口の多い
0664	**popularity** [pàːpjəlǽrəti]	名 [人気] 形 popular 人気のある、普及した
0665	**championship** [tʃǽmpiənʃìp]	名 [選手権]
0666	**friendship** [fréndʃìp]	名 [友情]
0667	**membership** [mémbərʃìp]	名 [会員権]
0668	**agency** [éɪdʒənsi]	名 [代理店]
0669	**author** [ɔ́ːθər]	名 [著者]
0670	**congratulation** [kəngrætʃəléɪʃən]	名 [祝いの言葉、おめでとうございます※1語でお祝いの意味を表す]
0671	**difficulty** [dífɪkʌ̀lti]	名 [困難] 熟 have difficulty (in) -ing ～するのに苦労する

0661

She was offered a higher (**position**) at the company.

彼女には、会社でより高い地位が与えられた。

0662

(**Education**) is the key to success in life.

教育が人生における成功への鍵だ。

0663

We need policies to increase the (**population**) of the young.

私たちには、若者の人口を増やす政策が必要だ。

0664

Her new song is gaining (**popularity**).

彼女の新しい歌は人気を得ている。

0665

The (**championship**) game last night was very exciting.

昨夜の選手権試合には、とてもわくわくさせられた。

0666

Trust is the foundation of any good (**friendship**).

信頼はいかなる良い友好関係においても基本である。

0667

You need a (**membership**) card to enter this building.

この建物に入るには、会員証が必要です。

0668

The travel (**agency**) offers various package tours.

その旅行代理店は、さまざまなパック旅行を提供している。

0669

The (**author**) of this book is a specialist in brain science.

この本の著者は脳科学の専門家です。

0670

(**Congratulations**) on your graduation!

ご卒業おめでとう！

0671

The company is facing financial (**difficulties**) now.

その会社は今、財政的な困難に直面している。

essay 0672 [éseɪ]	名 [随筆、小論文]
field 0673 [fíːld]	名 [分野]
flavor 0674 [fléɪvər]	名 [風味]
movement 0675 [múːvmənt]	名 [動き] 動 move 動く、動かす、引っ越す、感動させる
opinion 0676 [əpínjən]	名 [意見]
role 0677 [róʊl]	名 [役割、役] 熟 play a role in~ ~で役割を果たす
pain 0678 [péɪn]	名 [痛み] 形 painful 苦しい
chemistry 0679 [kéməstri]	名 [化学] 形 chemical 化学の
wildlife 0680 [wáɪldlàɪf]	名 [野生生物]
trick 0681 [trík]	名 [いたずら] 熟 play a trick on~ ~にいたずらをする
heat 0682 [híːt]	名 [熱] 動 [あたためる]

0672

To graduate, you have to hand in an (essay).

卒業するためには、小論文を提出しなければなりません。

0673

He has been working in the (field) of medicine.

彼は医学分野でずっと仕事をしてきた。

0674

You can choose from five (flavors) of ice cream.

5種類の味のアイスクリームから選べますよ。

0675

The political (movement) caused major social change.

その政治運動が大きな社会変革を引き起こした。

0676

In my (opinion), his new movie is worth watching.

私の意見では、彼の新しい映画は見る価値がある。

0677

The actor is preparing for her (role) in the new movie.

その俳優は新しい映画での役の準備をしている。

0678

Doctor, I feel a light (pain) in my knee.

先生、ひざがわずかに痛むんです。

0679

(Chemistry) plays an essential role in drug manufacturing.

化学は製薬において、必要不可欠な役割を果たしている。

0680

The national park is famous for its variety of (wildlife).

その国立公園は、さまざまな野生生物で有名です。

0681

She played a (trick) on me by pretending to be a ghost.

彼女は幽霊のふりをして、私にいたずらをした。

0682

The summer (heat) was too high for me to stay out.

夏の暑さは、私が外にいられないほどのものだった。

0683	**instruction** [ɪnstrʌ́kʃən]	名 [指示] 動 instruct 指導する
0684	**aquarium** [əkwéəriəm]	名 [水族館]
0685	**beauty** [bjúːti]	名 [美、美人]
0686	**biology** [baɪɑ́ːlədʒi]	名 [生物学] 形 biological 生物学の 名 biologist 生物学者
0687	**capital** [kǽpətl]	名 [首都、大文字] 熟 capital letter 大文字
0688	**cruise** [krúːz]	名 [巡航]
0689	**gallery** [gǽləri]	名 [美術館]
0690	**hero** [híːrou]	名 [英雄 [ヒーロー]] 名 heroine 英雄的女性 形 heroic 英雄の、英雄的な
0691	**object** [ɑ́ːbdʒɪkt]	名 [物体]　動 [反対する] 名 objection 反対、反対意見 熟 object to -ing ～するのに反対する
0692	**policy** [pɑ́ːləsi]	名 [政策]
0693	**shelf** [ʃélf]	名 [棚]

0683
Follow the (**instructions**) when you take this medicine.

この薬を服用するときは、指示に従ってください。

0684
We visited the (**aquarium**) yesterday.

私たちは昨日、水族館を訪れました。

0685
The (**beauty**) of the scenery was beyond description.

その風景の美しさは、言葉では説明できないほどだった。

0686
The (**biology**) teacher explained the structure of cells.

生物学の先生が、細胞の構造を説明してくれた。

0687
What is the (**capital**) of the United States?

アメリカ合衆国の首都はどこですか？

0688
The couple went on a luxury (**cruise**) on their honeymoon.

その夫婦は、新婚旅行に贅沢なクルージングに出かけた。

0689
The art (**gallery**) is closed on Mondays and Thursdays.

その美術館は、月曜日と木曜日に閉まっています。

0690
The boy dressed up as his favorite (**hero**) on Halloween.

その男の子は、ハロウィンでお気に入りのヒーローの服を着た。

0691
The (**object**) on display is a stone from the moon.

展示されている物は、月の石です。

0692
The government's (**policy**) aims to reduce the tax rate.

政府の方針は、税率を下げることを目指している。

0693
The books on the (**shelf**) are arranged alphabetically.

棚の上の本はアルファベット順に並べられています。

0694	**spirit** [spírət]	名 [精神]
0695	**title** [táitl]	名 [表題]
0696	**stress** [strés]	名 [強調、ストレス] 形 stressful ストレスの多い
0697	**guard** [gá:rd]	名 [警備員]
0698	**fee** [fí:]	名 [料金]
0699	**fare** [féər]	名 [運賃]
0700	**refrigerator** [rɪfrídʒərèɪtər]	名 [冷蔵庫]
0701	**channel** [tʃǽnl]	名 [テレビのチャンネル]
0702	**chef** [ʃéf]	名 [シェフ]
0703	**comedy** [kά:mədi]	名 [コメディー、喜劇] 名 tragedy 悲劇
0704	**designer** [dɪzáinər]	名 [デザイナー]

0694

The athletes showed great team (**spirit**) at the contest.

その陸上選手たちは、競技会ですごいチーム精神を見せた。

0695

His novel attracted people with its unique (**title**).

彼の小説は、そのユニークな書名で人々の注目を集めた。

0696

High levels of (**stress**) can lead to mental problems.

高いストレス値は、精神的な問題を引き起こすことがある。

0697

The security (**guard**) at the entrance checked our baggage.

入り口の警備員が、私たちの手荷物を点検した。

0698

The gym membership (**fee**) is $100 a month.

そのジムの会費は月額 100 ドルです。

0699

The bus (**fare**) will be increased by 10% next month.

バスの運賃が来月、10%値上げされる。

0700

I need to buy a new (**refrigerator**).

新しい冷蔵庫を買う必要があります。

0701

The TV (**channel**) is showing the news now.

そのテレビチャンネルでは、今ニュースをやっている。

0702

The (**chef**) prepared a delicious meal for the guests.

シェフがお客様のために、おいしい食事を準備しました。

0703

The (**comedy**) made everyone in the theater laugh.

その喜劇は、劇場にいたすべての人を笑わせた。

0704

The interior (**designer**) decorated the room with furniture.

そのインテリアデザイナーは、部屋を家具で装飾した。

0705	**diet** [dáɪət]	名 [ダイエット、食事、国会] 熟 go on a diet ダイエットする 熟 be on a diet ダイエット中である
0706	**mystery** [místəri]	名 [謎、ミステリー] 形 mysterious 謎の、謎めいた
0707	**necklace** [nékləs]	名 [ネックレス]
0708	**network** [nétwə̀:rk]	名 [ネットワーク、放送網]
0709	**owner** [óunər]	名 [オーナー [所有者]] 動 own 所有する
0710	**point** [pɔ́ɪnt]	名 [ポイント [点]] 熟 to the point 適切な、要を得た
0711	**recipe** [résəpi]	名 [レシピ [調理法]]
0712	**stove** [stóuv]	名 [こんろ、ストーブ]
0713	**tournament** [túərnəmənt]	名 [トーナメント [勝ち抜き試合]]
0714	**gift** [gíft]	名 [天賦の才能、贈り物] 形 gifted 才能のある
0715	**flu** [flú:]	名 [インフルエンザ]

0705 She went on a (**diet**) to lose weight before her wedding.

彼女は結婚式の前に、痩せるためにダイエットをした。

0706 The detective was trying to solve the (**mystery**).

探偵はその謎を解こうとしていた。

0707 She received a (**necklace**) from her husband.

彼女は夫からネックレスを受け取った。

0708 The TV (**network**) will broadcast the world cup match.

そのテレビネットワークが、ワールドカップの試合を放送する。

0709 The (**owner**) of the restaurant greeted the guests.

レストランのオーナーがお客様にあいさつをした。

0710 Please explain the important (**points**) of your theory clearly.

あなたの理論の重要なポイントを、わかりやすく説明してください。

0711 My grandmother's apple pie (**recipe**) is a family secret.

おばあちゃんのアップルパイのレシピは、家族の秘密なんです。

0712 He cooks dinner on the (**stove**) himself after work.

彼は仕事の後、こんろで自分で夕食を調理している。

0713 The tennis (**tournament**) will be held at the local court.

テニスのトーナメントは、地元のコートで行われます。

0714 Her daughter has a natural (**gift**) for music.

彼女の娘は生まれつき音楽の才能を持っている。

0715 She has been sick in bed with the (**flu**) for a week.

彼女は1週間、インフルエンザで寝込んでいる。

resource [rí:sɔ̀:rs]	名 [資源] 熟 natural resources 天然資源	0716
theory [θí:əri]	名 [理論、説] 形 theoretical 理論的な、理論上の 熟 in theory 理論上は	0717
deadline [dédlàɪn]	名 [締め切り]	0718
ancestor [ǽnsestər]	名 [先祖]	0719
descendant [dɪséndənt]	名 [子孫]	0720
offspring [ɔ́(:)fsprìŋ]	名 [子、子孫]	0721
lawyer [lɔ́:jər]	名 [弁護士] 名 law 法律、法則	0722
customer [kʌ́stəmər]	名 [(商店の) 客]	0723
departure [dɪpá:rtʃər]	名 [出発] 動 depart 出発する	0724
psychology [saɪká:lədʒi]	名 [心理学] 形 psychological 心理学的な、心理学上の	0725
factor [fǽktər]	名 [要素、要因]	0726

0716

Our country's economy relies on natural (**resources**).

我が国の経済は天然資源に依存しています。

0717

He finally grasped the concept of the (**theory**) of relativity.

彼はついに相対性理論の概念を理解した。

0718

I wonder if I can complete my report by the (**deadline**).

締め切りまでに報告書を完成させられるかしら。

0719

Is it true that monkeys are (**ancestors**) of humans?

猿が人間の先祖だって本当？

0720

They are the (**descendants**) of the first immigrants here.

彼らはここに初めてやってきた移民の子孫なんです。

0721

The mother lion bravely fought to save her (**offspring**).

母親ライオンが子どもを守るために勇敢に戦った。

0722

The (**lawyer**) argued earnestly to defend my innocence.

弁護士が私の無実を証明するために、熱心に議論してくれた。

0723

Our (**customers**) show their satisfaction.

お客様は満足を示しています。

0724

The (**departure**) of the flight was delayed by an hour.

その飛行機の出発は1時間遅れた。

0725

I majored in (**psychology**) when I was in university.

私は大学のとき、心理学を専攻しました。

0726

The (**factor**) of climatic change is affecting agriculture.

気候変動という要因が農業に影響している。

0727	**nationality** [nÆʃənǽləti]	名 [国籍、国民、国家] 名 nation 国家、国民　形 national 国家の、国民の 形 international 国際的な
0728	**prize** [práɪz]	名 [賞、賞品、賞金]
0729	**courage** [kə́:rɪdʒ]	名 [勇気]　形 courageous 勇敢な　熟 encourage A to~ Aが~するように励ます　熟 discourage A from -ing Aを説得して~するのをやめさせる
0730	**thief** [θí:f]	名 [泥棒] 名 theft 窃盗
0731	**nerve** [nə́:rv]	名 [神経] 形 nervous 神経質な、緊張している
0732	**reward** [rɪwɔ́:rd]	名 [報酬]
0733	**award** [əwɔ́:rd]	名 [賞、賞品、賞金]　動 [与える]
0734	**tax** [tæks]	名 [税] 熟 tax policy 税制
0735	**concept** [ká:nsept]	名 [概念]
0736	**manner** [mǽnər]	名 [方法、やり方]
0737	**manners** [mǽnərz]	名 [礼儀、作法]

Our team consists of players with various (nationalities).

我々のチームはいろいろな国籍の選手で構成されている。

0727

Either Mary or Susan will receive the first (prize).

メアリーかスーザンのどちらかが、一等賞を受けるだろう。

0728

It took a lot of (courage) for them to enter the enemy camp.

彼らが敵の陣営に入るのには、とても勇気が必要だった。

0729

I saw the (thief) break into the room through this window.

泥棒がこの窓から部屋に侵入するのを見たんです。

0730

She had to receive an injection to relieve the (nerve) pain.

彼女は神経の痛みをやわらげるために、注射を受けなければならなかった。

0731

She will receive a (reward) for attaining her goal.

彼女は目標を達成したことに対して、報酬を受け取るだろう。

0732

He was given an (award) as the best actor of the year.

彼は年間最優秀俳優として、賞を与えられた。

0733

The government's new (tax) policy is severely criticized.

政府の新しい税制は、厳しく批判されている。

0734

Young children can't grasp the (concept) of time.

幼い子どもは、時間の概念を把握できない。

0735

She always speaks in a polite and respectful (manner).

彼女はいつも礼儀正しく、敬意をこめた話し方で話す。

0736

You should wear a formal dress to show (manners).

礼儀作法を示すために、フォーマルなドレスを着て行くべきだよ。

0737

0738	**clothing** [klóuðiŋ]	名 [衣類] 名 cloth 布 名 clothes 衣服
0739	**faith** [féɪθ]	名 [信用、信仰] 形 faithful 忠実な
0740	**advantage** [ədvǽntɪdʒ]	名 [利点] 名 disadvantage 短所 熟 take advantage of~ ～を利用する、～につけこむ
0741	**means** [mí:nz]	名 [手段] 熟 by means of~ ～という手段で 熟 by no means 決して～ない
0742	**region** [rí:dʒən]	名 [地域] 形 regional 地域の
0743	**result** [rɪzʌ́lt]	名 [結果]　動 [結果として起こる]　熟 as a result その結果として　熟 result in~ ～という結果になる 熟 result from~ ～から結果として生じる
0744	**appointment** [əpɔ́ɪntmənt]	名 [約束、(医院の) 予約] 熟 make an appointment (人と会う) 約束をする
0745	**reservation** [rèzərvéɪʃən]	名 [予約] 動 reserve 予約する 熟 make a reservation 予約する
0746	**experience** [ɪkspíəriəns]	名 [経験]
0747	**experiment** [ɪkspérəmənt]	名 [実験]
0748	**announcement** [ənáunsmənt]	名 [発表] 動 announce 発表する

138

0738

We have to buy new (**clothing**) for summer.

私たちは夏用の新しい服を買わなくてはならない。

0739

Once you have lost (**faith**), it is difficult to get it back.

いったん信用を失うと、もう一度得るのは難しい。

0740

It is a great (**advantage**) to be able to speak English.

英語を話せることは大きな利点です。

0741

We have to find some (**means**) to make more money.

私たちはもっとお金を稼ぐために、何か手段を見つけなければならない。

0742

Penguins live in cold (**regions**).

ペンギンは寒い地域に生息している。

0743

She was pleased with the (**result**) of her entrance exams.

彼女は入試の結果に喜んだ。

0744

The doctor doesn't meet anyone without an (**appointment**).

その医師は、予約がないと誰にも会いません。

0745

Hello, I would like to make a (**reservation**) at your hotel.

もしもし、そちらのホテルに予約を入れたいのですが。

0746

Studying in the U.K. was a wonderful (**experience**).

イギリス留学は素晴らしい経験だった。

0747

The results of the (**experiment**) on a new virus was amazing.

新種のウイルスに関する実験の結果は、驚くべきものだった。

0748

The prime minister will make an (**announcement**) on TV.

首相がテレビで発表を行うことになっている。

0749	**environment** [ɪnváɪərnmənt]	名 [環境] 形 environmental 環境の 副 environmentally 環境上
0750	**purpose** [pə́:rpəs]	名 [目的] 形 purposeful 故意の 熟 on purpose わざと
0751	**direction** [dərékʃən]	名 [方向] 副 directly 直接的に 形 direct 直接の 動 direct 指示する 熟 in the direction of~ ~の方向に
0752	**amount** [əmáunt]	名 [量]
0753	**function** [fʌ́ŋkʃən]	名 [機能、働き] 動 [機能する]
0754	**choice** [tʃɔ́ɪs]	名 [選択、選択肢] 動 choose 選ぶ 熟 have no choice but to~ ~するしかない
0755	**brain** [bréɪn]	名 [脳]
0756	**stage** [stéɪdʒ]	名 [ステージ、段階]
0757	**quality** [kwá:ləti]	名 [質] 名 quantity 量
0758	**quantity** [kwá:ntəti]	名 [量]
0759	**bride** [bráɪd]	名 [花嫁]

0749
We have to do something to save the (**environment**).

我々は環境を守るために、何かをしなければならない。

0750
She accomplished her (**purpose**) and became a doctor.

彼女は目的を達成して医者になった。

0751
I'm afraid we're going in the wrong (**direction**).

残念ですが、私たちは間違った方向に進んでいますよね。

0752
We measured the (**amount**) of carbon dioxide in the room.

私たちはその部屋の二酸化炭素の量を測定した。

0753
The new smartphone has many amazing (**functions**).

その新型のスマホには、驚くべき機能がたくさん付いている。

0754
He had no (**choice**) but to endure the loud noise.

彼はその大きな騒音を我慢するしかなかった。

0755
The (**brain**) is the most complex organ in the human body.

脳は人間の体で、いちばん複雑な臓器です。

0756
The show will be on the main (**stage**) of the theater.

そのショーは劇場のメインステージで上演されるでしょう。

0757
The farm produces good- (**quality**) coffee beans.

その農場は品質の良いコーヒー豆を生産している。

0758
You need a small (**quantity**) of sugar for this recipe.

このレシピには、少量の砂糖が必要です。

0759
The (**bride's**) family is planning to hold a dinner party.

花嫁の家族が、夕食会を開催する計画を立てている。

0760	**tough** [tʌf]	形 [難しい、頑丈な]
0761	**outdoor** [áutdɔ̀:r]	形 [戸外の]
0762	**indoor** [índɔ̀:r]	形 [屋内の]
0763	**confident** [ká:nfədənt]	形 [確信して、自信のある] 名 confidence 自信、信頼 形 confidential 信用のおける、秘密の
0764	**exact** [ɪgzǽkt]	形 [正確な] 副 exactly 正確に
0765	**correct** [kərékt]	形 [正しい]　動 [修正する] 副 correctly 正確に
0766	**familiar** [fəmíljər]	形 [よく知られた] 熟 be familiar with~ ～に精通している 熟 be familiar to~ ～によく知られている
0767	**fantastic** [fæntǽstɪk]	形 [素晴らしい]
0768	**final** [fáɪnl]	形 [最後の] 熟 the last~ 最後の～
0769	**honest** [á:nəst]	形 [正直な] 名 honesty 正直 形 dishonest 不正直な
0770	**various** [véəriəs]	形 [さまざまな、多様な] 名 variety 種類、多様性 熟 a variety of~ さまざまな～

He faced some (**tough**) challenges during the career.

0760 彼は仕事中に、いくつかの難しい課題に直面した。

You can find good vegetables at that (**outdoor**) market.

0761 あの屋外の市場では、美味しい野菜を見つけられるよ。

She likes (**indoor**) activities like reading and cooking.

0762 彼女は読書や料理といった、屋内での活動が好きだ。

He entered the room with a (**confident**) smile.

0763 彼は自信に満ちた笑みを浮かべて、部屋に入っていった。

I don't know the (**exact**) time of her arrival.

0764 僕は彼女が到着する正確な時間を知らないんだ。

Check your calculation to ensure that it is (**correct**).

0765 計算が正しいことをたしかめるために、チェックしなさい。

I'm (**familiar**) with this tune, but I can't remember its title.

0766 この曲をよく知っているんだけど、タイトルを思い出せないんだ。

We had a (**fantastic**) time at the dinner party last night.

0767 私たちは昨夜、夕食会で素晴らしい時間を過ごした。

He is working on the (**final**) chapter of his new novel.

0768 彼は新しい小説の最終章に取り組んでいる。

It is important to be (**honest**) for keeping good relationships.

0769 良い人間関係のためには、正直であることが重要です。

The species in Amazon are surprisingly (**various**).

0770 アマゾンの種は驚くほど多様です。

単語編

A

ランク
B

C

形容詞・副詞など

143

weak 0771 [wíːk]	形 [弱い] 熟 weak point 弱点
northern 0772 [nɔ́ːrðərn]	形 [北の] 名 north 北
southern 0773 [sʌ́ðərn]	形 [南の] 名 south 南
western 0774 [wéstərn]	形 [西の] 名 west 西
eastern 0775 [íːstərn]	形 [東の] 名 east 東
daily 0776 [déɪli]	形 [日常の、日刊の]
flat 0777 [flǽt]	形 [平らな]　名 [アパート]
major 0778 [méɪdʒər]	形 [主要な]　動 [専攻する] 名 majority 大多数　形 minor 取るに足らない 名 minority 少数派　熟 major in ~ ~を専攻する
spicy 0779 [spáɪsi]	形 [香辛料の効いた] 名 spice 香辛料
thin 0780 [θín]	形 [薄い、やせている] 名 fat 脂肪 形 fat 太っている
thick 0781 [θík]	形 [濃い、厚い]

単語編

A

ランク
B

C

形容詞・副詞など

0771

The battery is becoming (**weak**) and has to be replaced.

バッテリーが切れかかっているから交換しなくちゃ。

0772

She lives in a small city in (**northern**) Canada.

彼女はカナダ北部の小さな町で暮らしている。

0773

He is traveling to the (**southern**) part of Asia now.

彼は今、アジアの南部を旅行中です。

0774

The (**western**) area of this country is full of nature.

この国の西部は自然がいっぱいです。

0775

The (**eastern**) culture is different from that of the west.

東洋文化は西洋文化とは異なる。

0776

The store sends (**daily**) newsletters to its customers.

その店はお客様に、日刊のニュースレターを送っている。

0777

The surface of my desk is (**flat**) and smooth.

僕の机の表面は平らですべすべしているんだ。

0778

Scientists have found a (**major**) changes in the climate.

科学者たちが天候における大きな変化を見つけた。

0779

Which do you prefer, (**spicy**) curry or mild curry?

スパイシーなカレーとマイルドなカレーでは、どちらがお好き?

0780

The higher we go, the (**thinner**) the air becomes.

高いところに行けば行くほど、空気は薄くなる。

0781

This (**thick**) blanket keeps me warm during the night.

この分厚い毛布は夜のあいだ、ぼくをあたたかくしてくれる。

0782 **unique** [ju(:)níːk]	形 [独特の]
0783 **helpful** [hélpfl]	形 [役に立つ] 形 helpless 無力な
0784 **useless** [júːsləs]	形 [役に立たない] 形 useful 役に立つ
0785 **unhealthy** [ʌnhélθi]	形 [不健康な] 形 healthy 健康的な、健全な
0786 **official** [əfíʃəl]	形 [公式の]
0787 **formal** [fɔ́ːrml]	形 [正式の]
0788 **electric** [ɪléktrɪk]	形 [電気の] 名 electricity 電気
0789 **due** [d(j)úː]	形 [予定である、提出期限である] 熟 due to~ ～が原因で
0790 **personal** [pə́ːrsənl]	形 [個人的な] 名 personality 性格、個性、有名人
0791 **wet** [wét]	形 [ぬれた]
0792 **female** [fíːmeɪl]	形 [女性の]

0782

Her (**unique**) fashion sense makes her world-famous.

彼女の独特のファッションセンスが、彼女を世界的に有名にしている。

0783

The librarian was (**helpful**) for my research assignment.

図書館員は、私の調査の課題で役に立ってくれた。

0784

My old computer is so slow that it is (**useless**).

私の古いコンピュータはとても動きが遅いので、役に立たない。

0785

Too much fast food leads to an (**unhealthy**) life-style.

ファストフードを食べすぎると、不健康な生活様式になる。

0786

He received an (**official**) invitation to the ceremony.

彼はその式典への正式な招待を受けた。

0787

They exchanged (**formal**) greetings before the match.

彼らは試合の前に、正式なあいさつを交わした。

0788

They installed solar panels to generate (**electric**) power.

彼らは電力を発生させるために、ソーラーパネルを設置した。

0789

The homework report is (**due**) next Friday.

宿題のレポートは、次の金曜日が提出期限です。

0790

We had a (**personal**) conversation about our future.

私たちは将来について、個人的な会話をした。

0791

I forgot to bring my umbrella, and my clothes got (**wet**).

私は傘を持ってくるのを忘れて、服がぬれてしまった。

0792

The (**female**) bird is building a nest to lay eggs.

そのメスの鳥は、卵を産むために巣を作っています。

0793	**male** [méɪl]	形 [男性の]
0794	**valuable** [vǽljuəbl]	形 [価値のある] 名 value 価値 動 value 評価する 形 valueless 価値のない 形 invaluable たいへん価値のある
0795	**badly** [bǽdli]	副 [ひどく、悪く] 熟 be badly off 暮らし向きが悪い
0796	**mainly** [méɪnli]	副 [主に] 形 main 主な、主要な
0797	**mostly** [móustli]	副 [たいてい]
0798	**hardly** [háːrdli]	副 [ほとんど〜ない] 副 scarcely ほとんど〜ない 熟 hardly ever ほとんど〜ない
0799	**scarcely** [skéərsli]	副 [ほとんど〜ない] 形 scarce 乏しい
0800	**seldom** [séldəm]	副 [めったに〜ない] 副 rarely めったに〜ない
0801	**rarely** [réərli]	副 [めったに〜ない] 形 rare めったにない、希少な
0802	**greatly** [gréɪtli]	副 [大いに]
0803	**rather** [rǽðər]	副 [むしろ] 熟 would rather~ 〜したいものである 熟 rather than~ 〜よりもむしろ、〜ではなく

単語編

A

ランク B

C

形容詞・副詞など

0793
The (**male**) actor played the lead role in the movie.

その男性俳優は映画で主役を演じた。

0794
I had many (**valuable**) experiences during the journey.

私はその旅のあいだに、たくさんの貴重な経験をした。

0795
His car was (**badly**) damaged in the traffic accident.

彼の車が交通事故でひどい被害を受けた。

0796
Her diet (**mainly**) consists of fruits and vegetables.

彼女の食事は主に、果物と野菜から成る。

0797
She is (**mostly**) quiet but sometimes speaks up in class.

彼女はたいてい静かだが、ときどき授業中に発言する。

0798
I (**hardly**) ever go to a movie theater recently.

私は最近、ほとんど映画館には行きません。

0799
I could (**scarcely**) walk after running the marathon.

マラソンの後、僕はほとんど歩けなかった。

0800
He (**seldom**) eats out and cooks his meals himself.

彼はめったに外食せずに、ふだんは自分で食事を作っている。

0801
His team is so strong that it (**rarely**) loses a game.

彼のチームはとても強いので、めったに試合に負けない。

0802
We (**greatly**) appreciate all the support you gave us.

あなた方が我々にしてくれた援助を、とてもありがたく思っています。

0803
He is not a chef but (**rather**) a very good home cook.

彼はシェフではなく、むしろとても優秀な家庭料理人だ。

149

0804	**forever** [fərévər]	副 [永久に]
0805	**surprisingly** [sərpráızıŋli]	副 [驚くほど (に)] 同 amazingly 驚くほど (に)
0806	**perhaps** [pərhǽps]	副 [ひょっとすると]
0807	**afterward** [ǽftərwərd]	副 [後で]
0808	**cheaply** [tʃí:pli]	副 [安く] 形 cheap 安い、安価な
0809	**heavily** [hévili]	副 [非常に、大いに、激しく] 形 heavy 重い、激しい
0810	**per** [pə́:r]	前 [〜につき] 冠 a 〜につき
0811	**below** [bılóu]	前 [〜の下に] 前 above 〜の上に
0812	**beyond** [bıjá:nd]	前 [〜の向こうに、〜を超えて] 熟 beyond description 言葉では言い表せない 熟 beyond control 制御できない
0813	**beside** [bısáıd]	前 [〜のそばに]
0814	**anybody** [énibà:di]	代 [誰か、誰でも、誰も]

単語編

A

ランク
B

C

形容詞・副詞など

0804　Their love for each other will last (**forever**).

彼らのお互いに対する愛情は、永遠に続くでしょう。

0805　He was (**surprisingly**) calm in that terrible situation.

彼はそのひどい状況で、驚くほど落ち着いていた。

0806　(**Perhaps**) we should consider another solution.

たぶん私たちは、他の解決策を考えるべきだろう。

0807　They had dinner and enjoyed a movie (**afterward**).

彼らは一緒に食事をして、その後映画を楽しんだ。

0808　You can buy things (**cheaply**) at a flea market.

フリーマーケットでは物を安く買えるんだよ。

0809　The rain is pouring (**heavily**), so we can't go out.

雨が激しく降っているので、僕たちは外に出られない。

0810　You can rent these boats for five dollars (**per**) hour.

1 時間当たり 5 ドルで、これらのボートを借りられます。

0811　The prices of our products are (**below**) the average.

我が社の製品の価格は平均以下です。

0812　The beauty of the rainbow was (**beyond**) description.

虹の美しさは、言葉で言い表せないほどだった。

0813　She was knitting, and her cat was sleeping (**beside**) her.

彼女は編み物をしていて、猫はとなりで眠っていた。

0814　(**Anybody**) can use this toilet without permission.

誰でも許可を取らずに、このトイレを利用できます。

0815	**somebody** [sʌ́mbə̀:di]	代 [ある人、誰か、大した人物] 代 nobody 誰も〜ない、つまらない人
0816	**nor** [nɔːr]	接 [〜もまた…ない] 熟 neither A nor B AでもBでも〜ない
0817	**unless** [ənlés]	接 [もし〜でなければ]
0818	**online** [ɑ́:nláin]	副 [オンラインで]
0819	**indeed** [ɪndíːd]	副 [実際に、本当に (強調)]
0820	**apparently** [əpǽrəntli]	副 [明らかに、見たところ〜らしい] 動 appear 現れる、〜のようだ 形 apparent 明らかな
0821	**silly** [síli]	形 [ばかな、愚かな] 形 foolish ばかな、愚かな 形 stupid ばかな、愚かな
0822	**raw** [rɔ́:]	形 [生の、加工していない] 熟 raw material 原材料
0823	**suitable** [súːtəbəl]	形 [ふさわしい、ぴったりの] 動 suit ぴったり合う
0824	**specific** [spəsífɪk]	形 [具体的な、特定の]
0825	**visible** [vízəbl]	形 [目に見える] 名 vision 視野、視力 形 invisible 目に見えない

0815
I heard (**somebody**) knocking at the door of my room.

誰かが私の部屋のドアをノックしているのが聞こえた。

0816
As I had neither breakfast (**nor**) lunch, I was starving.

朝食も昼食も食べなかったので、お腹が空いて死にそうだった。

0817
(**Unless**) you apologize, she will not forgive you.

君が謝らない限り、彼女は許してくれないよ。

0818
I read news (**online**) instead of buying newspapers.

私は新聞を買う代わりに、オンラインでニュースを読んでいる。

0819
The scenery from the mountain top was (**indeed**) amazing.

山頂から見た風景は本当に驚くべきものだった。

0820
He was (**apparently**) unaware of the change in schedule.

彼は見たところ、スケジュールの変更に気づいていないらしかった。

0821
Don't be so (**silly**) all the time.

いつもそんなに、ばかなことをしないでください。

0822
Japanese people eat (**raw**) fish on a daily basis.

日本人は日常的に生魚を食べるんです。

0823
The suit he bought was (**suitable**) for the formal party.

彼が買ったスーツは、フォーマルなパーティーにふさわしいものだった。

0824
Give me more (**specific**) examples of climate change.

気候変動のもっと具体的な例を教えてください。

0825
The stars were not (**visible**) as it was too cloudy.

雲が多すぎて星が見えなかった。

0826	**fluently** [flú:əntli]	副 [流暢に、ぺらぺらと] 形 fluent 流暢な
0827	**previous** [prí:viəs]	形 [以前の、前の] 副 previously 以前は 熟 previous engagement 先約
0828	**possible** [pá:səbl]	形 [可能な]　名 possibility 可能性　形 impossible 不可能な　熟 as ~ as possible できるだけ~ 熟 if possible 可能なら
0829	**ordinary** [ɔ́:rdənèri]	形 [普通の]
0830	**traditional** [trədíʃənl]	形 [伝統的な] 名 tradition 伝統
0831	**comfortable** [kʌ́mfərtəbl]	形 [快適な] 形 uncomfortable 不快な、いやな
0832	**necessary** [nésəsèri]	形 [必要な] 形 unnecessary 不要な
0833	**however** [hauévər]	副 [しかしながら、しかし]
0834	**especially** [ispéʃəli]	副 [特に]
0835	**currently** [kə́:rəntli]	形 [現在は] 形 current 現在の
0836	**throughout** [θru:áut]	前 [~のあいだ中、~のいたるところで]

0826

She speaks English (**fluently**) without any hesitation.

彼女はなんのためらいもなく、英語を流暢に話す。

0827

In the (**previous**) meeting, we discussed budget cuts.

前回の会議で、予算削減について議論しました。

0828

I will do everything (**possible**) to support your efforts.

君の努力を支援するために、可能なことはすべてするよ。

0829

I like to eat (**ordinary**) local food when traveling abroad.

私は海外旅行のときには、普通の地元の食べ物を食べるのが好きなんです。

0830

This restaurant specializes in (**traditional**) dishes.

このレストランは伝統料理を専門にしている。

0831

He found the temperature in the room (**comfortable**).

彼はその部屋の温度が快適だと思った。

0832

I will bring all the (**necessary**) documents to you.

必要な書類を、全部あなたのところに持っていきますよ。

0833

I was tired. (**However**), I had to take a shower.

私は疲れていた。しかしながら、シャワーを浴びなければならなかった。

0834

I like southeastern countries, (**especially**) Thailand.

僕は東南アジア諸国が好きで、特にタイが好きだ。

0835

She is (**currently**) working on a new project.

彼女は今、新しい事業に取り組んでいます。

0836

The weather here is comfortable (**throughout**) the year.

ここの天気は1年中快適です。

0837	**vital** [váɪtl]	形 [極めて重要な、生命の]
0838	**extremely** [ɪkstríːmli]	副 [極端に、極度に] 形 extreme 極端な、極度の
0839	**generally** [dʒénərəli]	副 [一般的に、全体的に] 形 general 一般的な、全体的な 熟 in general 一般的に、全体的に
0840	**instantly** [ínstəntli]	副 [即座に、今すぐ] 形 instant 即座の、今すぐの
0841	**maybe** [méɪbi]	副 [たぶん、恐らく]
0842	**recently** [ríːsntli]	副 [最近] 形 recent 最近の
0843	**cheerful** [tʃíərfl]	形 [陽気な、明るい]
0844	**unlike** [ʌnláɪk]	前 [〜とは違って] 前 like 〜と同じように
0845	**impossible** [ɪmpáːsəbl]	形 [不可能な、無理な] 形 possible 可能な、ありうる 名 possibility 可能性
0846	**close** [klóʊs]	形 [近い、仲の良い、密接な] 熟 be close to~ 〜に近い、〜と仲が良い 熟 take a close look at~ 〜をよく見る
0847	**behind** [bɪháɪnd]	前 [〜のうしろに、〜の陰に]　副 [うしろに、陰に] 熟 in front of~ 〜の前に、〜の面前で 熟 fall behind 遅れをとる

Good eating habits are (**vital**) for maintaining your health.

良い食習慣は、健康を維持するために極めて重要です。

He was (**extremely**) tired after a day's work.

彼は1日の仕事の後で、極端なほど疲れていた。

A dog is (**generally**) friendly to humans.

犬というものは、一般的には人懐っこい。

The news spread (**instantly**) through the Internet.

そのニュースはインターネットによって即座に広まった。

(**Maybe**) you should continue to pursue your dream.

たぶん、あなたは夢を追い続けるべきだよ。

I'm worried because I haven't seen him (**recently**).

最近彼を見ていないので心配しているのです。

She enjoyed the (**cheerful**) atmosphere of that school.

彼女はその学校の陽気な雰囲気を楽しんでいた。

(**Unlike**) his brother, he loves outdoor activities.

お兄さんと違って、彼は野外活動が大好きだ。

It was (**impossible**) for me to answer the question.

私がその質問に答えるのは無理だった。

The coach and the players had a (**close**) relationship.

コーチと選手たちは親密な関係を築いていた。

The cat hid (**behind**) the curtain to avoid being found.

見つからないように猫はカーテンの影に隠れた。

0848	**environmental** [envàɪərnméntl]	形 [環境の] 名 environment 環境
0849	**nuclear** [n(j)úːkliər]	形 [核の、原子力の] 熟 nuclear weapon 核兵器 熟 nuclear family 核家族
0850	**opposite** [áːpəzɪt]	形 [反対の、逆の] 名 [反対、逆] 動 oppose 反対する 名 opposition 反対、反対意見
0851	**unlikely** [ʌnláɪkli]	形 [ありそうにない] 形 likely ありそうな 熟 be unlikely to~ ～しそうにない
0852	**delighted** [dɪláɪtɪd]	形 [喜んでいる] 動 delight 喜ばせる
0853	**fat** [fǽt]	形 [太っている] 名 [脂肪]
0854	**unknown** [ʌnnóun]	形 [未知の]
0855	**dependent** [dɪpéndənt]	形 [頼っている、依存している] 動 depend 頼る、当てにする 名 dependence 依存 熟 be dependent on~ ～に頼っている、～次第である
0856	**medium** [míːdiəm]	形 [中間の、中ぐらいの] 名 [媒体、メディア]
0857	**electronic** [ɪlèktráːnɪk]	形 [電子の]
0858	**stupid** [st(j)úːpəd]	形 [ばかな、愚かな] 形 foolish ばかな、愚かな 形 silly ばかな、愚かな

0848

Some (**environmental**) problems haven't been solved yet.

環境問題の中には、まだ解決されていないものがある。

0849

The (**nuclear**) power plant is secure.

その原子力発電所は安全です。

0850

The store is located on the (**opposite**) side of the river.

その店は川の反対側にあります。

0851

It seems (**unlikely**) that it will rain this afternoon.

今日の午後に雨が降ることはありそうにない。

0852

I was greatly (**delighted**) to receive your invitation.

あなたの招待を受けて、すごくうれしかったんです。

0853

The (**fat**) cat is always lying lazily on the sofa.

その太った猫は、いつもソファの上でなまけて寝そべっている。

0854

The meaning of the ancient text is still (**unknown**).

その古代文書の意味は、今も未知である。

0855

Plants are (**dependent**) on regular watering and sunlight.

植物は定期的な水やりと日光に依存している。

0856

I would like my steak to be cooked to a (**medium**) level.

ステーキをミディアムに調理してほしいのですが。

0857

The store offers a variety of (**electronic**) devices.

その店はさまざまな電子装置を提供している。

0858

It is (**stupid**) of me to have forgotten my password.

私がパスワードを忘れたのは愚かなことである。

0859	**harmful** [há:rmfl]	形 [有害な] 名 harm 害
0860	**harmless** [há:rmləs]	形 [無害な]
0861	**obvious** [á:bviəs]	形 [明らかな]
0862	**normally** [nɔ́:rməli]	形 [普通は] 形 normal 普通の、標準的な
0863	**whole** [hóul]	形 [全体の] 熟 as a whole 全体として 熟 on the whole 概して、だいたいは
0864	**huge** [hjú:dʒ]	形 [巨大な] 形 tiny ちっぽけな
0865	**instead** [ɪnstéd]	副 [その代わりに] 熟 instead of ~ ～の代わりに、～ではなく
0866	**frankly** [frǽŋkli]	副 [率直に言って] 熟 frankly speaking 率直に言うと
0867	**completely** [kəmplí:tli]	副 [完全に] 形 complete 完全な 動 complete 完成する
0868	**steady** [stédi]	形 [着実な] 副 steadily 着実に
0869	**reasonable** [rí:znəbl]	形 [合理的な、筋の通った] 形 unreasonable 筋の通らない、べらぼうな

Eating too much sugar is (harmful) to your health.

0859 糖分を取りすぎると健康に有害です。

I asked him if that mushroom was (harmless) to eat.

0860 私は彼に、そのキノコが食べても無害かどうか尋ねました。

It is (obvious) that he was trying to deceive us.

0861 彼が私たちをだまそうとしていたことは明らかだ。

She (normally) sets her alarm clock for seven o'clock.

0862 彼女はふだん、目覚まし時計を7時にセットしている。

He ate the (whole) pizza all by himself.

0863 彼はたった一人でピザを丸ごと全部食べた。

My daughter was scared by the (huge) elephant.

0864 うちの娘はその巨大な象におびえていた。

He usually has tea but now is having coffee (instead).

0865 彼はいつもはお茶を飲むが、今は代わりにコーヒーを飲んでいる。

I was reluctant to do the job and declined it (frankly).

0866 その仕事をするのが嫌だったから、率直に断った。

He (completely) forgot about the appointment.

0867 彼は完全に約束のことを忘れていた。

He maintained a (steady) pace during the marathon.

0868 彼はマラソンのあいだ、安定したペースを維持した。

The price of this product is (reasonable) for its quality.

0869 この製品の価格は、質のわりに手ごろだ。

0870	**hopefully** [hóupfəli]	副 [願わくは、うまくいけば]
0871	**worth** [wə́ːrθ]	前 [～の価値がある]　名 [価値] 形 worthwhile 価値のある 熟 be worth -ing ～する価値がある
0872	**further** [fə́ːrðər]	形 [より一層の]
0873	**alike** [əláɪk]	形 [よく似て]
0874	**common** [kɑ́ːmən]	形 [共通の、普通の] 熟 in common 共通の 熟 common sense 常識
0875	**likely** [láɪkli]	形 [～しそうな] 形 unlikely ありそうにない 熟 be likely to~ ～しそうである
0876	**certain** [sə́ːrtn]	形 [確信して、ある特定の] 副 certainly たしかに 熟 be certain of~ ～を確信している
0877	**moreover** [mɔːróuvər]	副 [さらに、そのうえ] 副 furthermore さらに　副 additionally さらに 熟 in addition さらに
0878	**rapidly** [rǽpɪdli]	副 [急速に] 形 rapid 急速な
0879	**accidentally** [æ̀ksɪdéntəli]	副 [偶然に、間違えて] 名 accident 事故、偶然 形 accidental 偶然の
0880	**dramatically** [drəmǽtɪkəli]	副 [劇的に、急激に]

0870
(**Hopefully**), the weather will be nice.

願わくは、天気が良いことを願います。

0871
Kyoto is (**worth**) visiting many times.

京都は何度も訪れる価値がある。

0872
Show me (**further**) information about the school excursion.

遠足についてさらなる情報を教えてください。

0873
The twins look so (**alike**) that I can't tell which is which.

その双子はとても似ているので、私はどちらがどちらかわからない。

0874
It is (**common**) for people to greet with a handshake.

人が握手しながらあいさつするのは、よくあることだ。

0875
With his skills, he is (**likely**) to get the new job.

彼には技術があるから、その新しい仕事に就けそうだよ。

0876
Are you (**certain**) that you had locked the door?

ドアに鍵をかけたって自信はあるの？

0877
The café serves good coffee. (**Moreover**), it is cozy.

その喫茶店はおいしいコーヒーを出す。そのうえ、快適だ。

0878
Technology has been developing (**rapidly**) these days.

最近、科学技術が急速に発達している。

0879
The server (**accidentally**) served us the wrong dish.

ウェイターがうっかり私たちに違う料理を出した。

0880
The price of the stocks he owns dropped (**dramatically**).

彼が所有している株の価格が急激に下がった。

0881	**nervous** [nə́:rvəs]	形 [神経の、神経質な、いらいらした、緊張している] 名 nerve 神経 熟 nervous system 神経系
0882	**constantly** [ká:nstəntli]	副 [常に、絶えず] 形 constant 持続する、絶え間ない
0883	**ahead** [əhéd]	副 [前方に、先に] 熟 ahead of~ ～の前に、～よりも早く
0884	**regularly** [régjələrli]	副 [規則的に、定期的に] 形 regular 規則的な、定期的な
0885	**nowadays** [náuədèiz]	副 [近頃は] 熟 these days 最近
0886	**lately** [léitli]	副 [最近] 形 latest 最新の
0887	**empty** [émpti]	形 [空の] 形 full いっぱいの、満タンの 熟 empty can 空き缶
0888	**modern** [má:dərn]	形 [現代の]
0889	**boring** [bɔ́:riŋ]	形 [退屈な] 動 bore 退屈させる 形 bored 退屈している
0890	**native** [néitiv]	形 [生まれつきの]
0891	**extra** [ékstrə]	形 [余分の]

He felt (**nervous**) but excited before his first recital.

0881 彼は1回目の独演会の前に緊張していたが、わくわくもしていた。

Her baby was (**constantly**) crying through the night.

0882 彼女の赤ちゃんが一晩中、常に泣いていた。

Please go (**ahead**) because I may be late.

0883 遅れるかもしれないので、先に出かけてください。

They meet (**regularly**) to discuss their new project.

0884 彼らは新企画について話し合うために、定期的に会っている。

(**Nowadays**), online shopping is getting popular.

0885 最近、オンラインで買い物をするのが人気になっている。

This city has been getting too crowded (**lately**).

0886 この都市は最近、混雑しすぎてきている。

She looked inside the safe and found it (**empty**).

0887 彼女は金庫を覗き込んで、それが空っぽだとわかった。

In the (**modern**) era, we depend heavily on the Internet.

0888 現代において、我々はインターネットにとても依存している。

I found it too (**boring**) to read the textbook.

0889 僕はその教科書を読むのが退屈すぎると思った。

The book explains the culture of the (**native**) tribe.

0890 その本は先住民の文化を説明している。

The hotel prepared (**extra**) towels for the large group.

0891 そのホテルは大人数の団体に追加のタオルを用意した。

0892	**be about to**	熟 [まさに〜しようとしている] 熟 be on the point of -ing まさに〜しようとしている 熟 be on the verge of -ing まさに〜しようとしている
0893	**in addition to**	熟 [〜に加えて] 前 besides 〜に加えて
0894	**be against**	熟 [〜に反対である] 熟 be for~ 〜に賛成である
0895	**break down**	熟 [故障する]
0896	**break into**	熟 [〜に侵入する]
0897	**on business**	熟 [仕事で] 熟 for sightseeing 観光で
0898	**care for**	熟 [〜を世話する、〜を好む] 熟 take care of~ 〜を世話する 熟 look after~ 〜を世話する
0899	**with care**	熟 [注意して] 副 carefully 注意して
0900	**in case of**	熟 [〜の場合には]
0901	**come across**	熟 [〜を偶然見つける]
0902	**come along**	熟 [ついていく、一緒に来る]

0892

The president (**is about to**) announce an important issue.

大統領が重大な問題を、まさに発表しようとしている。

0893

(**In addition to**) English, she speaks French fluently.

英語に加えて、彼女はフランス語も流暢に話す。

0894

Many people (**were against**) the government's decision.

多くの人が政府の決定に反対していた。

0895

His car (**broke down**) on the way to work this morning.

今朝仕事に行く途中で、彼の車が故障した。

0896

Someone (**broke into**) my room during my vacation.

休暇中に誰かが私の部屋に忍び込んだ。

0897

He will travel to New York (**on business**) next week.

彼は来週、仕事でニューヨークに行きます。

0898

She loves gardening and (**cares for**) various vegetables.

彼女はガーデニングが大好きで、いろいろな野菜の世話をしている。

0899

Please treat this fragile vase (**with**) great (**care**).

この壊れやすい花瓶を、とても注意して扱ってね。

0900

(**In case of**) rain, the school excursion will be canceled.

雨の場合には、学校の遠足は中止になります。

0901

I (**came across**) my grandmother's necklace in the attic.

屋根裏部屋で偶然、おばあちゃんのネックレスを見つけたんだ。

0902

I invited Jane, and she was excited to (**come along**).

私はジェーンを誘って、彼女は一緒に来ることにわくわくしていた。

0903	**come out**	熟 [出てくる、出版される]
0904	**come true**	熟 [実現する] 動 realize 実現させる
0905	**come up to**	熟 [〜に達する、〜に近づく]
0906	**come up with**	熟 [〜を思いつく] 熟 think of~ 〜を思いつく
0907	**cut down**	熟 [切り倒す]
0908	**on earth**	熟 [いったい (全体) 〜] 熟 in the world いったい (全体) 〜
0909	**by the end of**	熟 [〜の終わりまでに] 熟 at the end of~ 〜の終わりに
0910	**in the end**	熟 [結局] 副 finally 結局 熟 at last 結局
0911	**feel free to do**	熟 [自由に〜してよい]
0912	**feel like -ing**	熟 [〜したい気がする] 熟 feel inclined to~ 〜したい気がする
0913	**get ~ to ...**	熟 [〜に…させる]

A new novel of my favorite writer is (**coming out**) soon.

0903 私の好きな作家の新しい小説がもうすぐ出版されるんです。

My dream of traveling the world may (**come true**).

0904 世界旅行をするという私の夢が実現するかもしれない。

A stranger (**came up to**) me and introduced himself.

0905 知らない人が近づいてきて、自己紹介をしたんです。

We cannot (**come up with**) a new idea so easily.

0906 新しいアイデアはそんなに簡単に思いつけないよ。

They (**cut down**) too many trees and caused a flood.

0907 彼らは木をたくさん切り倒しすぎて、洪水を引き起こした。

What (**on earth**) are you talking about to me?

0908 いったいあなたは何の話をしているの？

It will have gotten warm (**by the end of**) this month.

0909 今月末までには、あたたかくなっているでしょう。

He ran and ran and caught up with the bus (**in the end**).

0910 彼は走りに走って、ついにバスに追いついた。

Please (**feel free to**) ask any questions you have.

0911 どんな質問でも自由に尋ねてください。

I (**feel like staying**) home rather than (**going**) to the movies.

0912 映画を見に行くよりも家にいたい気分だよ。

She (**got**) her son (**to**) clean his own room.

0913 彼女は息子に自分の部屋を掃除させた。

get along with 0914	熟 [〜 (人) とうまくやっていく]
get back 0915	熟 [戻る]
get married 0916	熟 [結婚する]
get together 0917	熟 [集まる] 動 gather 集まる
get used to -ing 0918	熟 [〜するのに慣れる] 熟 get accustomed to〜 〜に慣れる
grow up 0919	熟 [成長する、大人になる]
hear from 0920	熟 [〜から連絡をもらう]
be in the hospital 0921	熟 [入院している]
in a hurry 0922	熟 [急いで、あわてて] 熟 in haste 急いで、あわてて
for one's life 0923	熟 [一生懸命に、命懸けで]
in line 0924	熟 [一列に]

熟語

A

ランク
B

C

(**Getting along with**) your co-workers is important.

0914 一緒に仕事をしている仲間と仲良くすることは大切だよ。

(**Get back**) to work immediately after the lunch break.

0915 お昼休憩が終わったらすぐに仕事に戻りなさいよ。

Since they (**got married**), they have been getting along.

0916 彼らは結婚してからずっと仲良くやっている。

Let's (**get together**) for lunch this weekend.

0917 今週末、昼食を食べに集まろうよ。

I'm (**getting used to waking**) up early.

0918 早起きに慣れてきました。

His dream is to be an astronaut when he (**grows up**).

0919 彼の夢は大人になったら宇宙飛行士になることだ。

I haven't (**heard from**) my son since he moved to Tokyo.

0920 息子が東京に引っ越してから連絡が来ていない。

My grandmother has (**been in the hospital**) for a month.

0921 おばあちゃんが 1 ケ月入院しているんです。

He left home (**in a hurry**) and forgot to bring his key.

0922 彼は急いで家を出て、鍵を持ってくるのを忘れた。

He ran (**for his life**) when he saw a bear approaching.

0923 熊が近づいてきているのを見て、彼は命懸けで走った。

I stood (**in line**) for an hour to buy the concert ticket.

0924 コンサートのチケットを買うために、1 時間一列に並んで立っていた。

0925	live on	熟 [〜で生活する、〜を常食とする]
0926	as long as	熟 [〜する限り (時間・条件)] 熟 as far as~ 〜する限り (距離・範囲)
0927	as far as	熟 [〜する限り (距離・範囲)] 熟 to the best of one's knowledge 〜の知る限りでは 熟 as far as ~ is concerned 〜に関する限りでは
0928	before long	熟 [間もなく] 副 soon 間もなく
0929	look forward to	熟 [〜を楽しみに待つ] 副 forward 前方に 副 backward 後方に
0930	look out	熟 [気を付ける] 熟 watch out 気を付ける
0931	look over	熟 [〜にざっと目を通す]
0932	look up	熟 [〜 (言葉など) を調べる]
0933	be made from	熟 [〜 (原料) から作られている]
0934	be made up of	熟 [〜で構成されている] 熟 be composed of~ 〜で構成されている 熟 consist of~ 〜で構成されている
0935	make friends with	熟 [〜と友達になる]

172

0925

The Japanese have been (**living on**) rice for a long time.

日本人は長いあいだ、米を常食としてきた。

0926

You can use my PC (**as long as**) you handle it carefully.

注意して扱う限りは、私のパソコンを使ってもいいよ。

0927

(**As far as**) I know, she is the best psychologist in Japan.

私の知る限り、彼女は日本で最も優秀な心理学者だ。

0928

(**Before long**), he became fluent in French.

まもなく、彼はフランス語が流暢になった。

0929

I'm (**looking forward to**) visiting your hometown soon.

もうすぐあなたの故郷を訪れるのを楽しみにしています。

0930

You have to (**look out**) when walking on rainy days.

雨の日に歩くときは、足元に注意しなきゃいけないよ。

0931

My teacher (**looked over**) my essay before accepting it.

先生は私の小論文を受け取る前に、それに目を通した。

0932

I (**looked up**) the definition of the word in a dictionary.

私はその単語の定義を辞書で調べた。

0933

Didn't you know that wine (**is made from**) grapes?

ワインがブドウから作られているって知らなかったの？

0934

Our team (**is made up of**) talented players.

僕たちのチームは才能のある選手で構成されているんだ。

0935

She (**makes friends with**) everyone she meets.

彼女は会う人とは誰とでも仲良くなる。

0936	**make oneself at home**	熟 [くつろぐ]
0937	**make out**	熟 [判読する、理解する]
0938	**make room for**	熟 [~のための場所を空ける]
0939	**make use of**	熟 [~を利用する] 動 utilize 利用する 熟 take advantage of~ ~を利用する
0940	**in a minute**	熟 [すぐに]
0941	**name A after B**	熟 [BにちなんでAに名前をつける]
0942	**a large number of**	熟 [多数の~]
0943	**a number of**	熟 [多数の~、いくつかの~]
0944	**of one's own**	熟 [自分自身の]
0945	**on one's own**	熟 [自力で]
0946	**on the phone**	熟 [電話中で]

0936 (**Make yourself at home**) and feel free to drink anything.

くつろいで何でも自由に飲んでくださいね。

0937 I couldn't (**make out**) why she said such a thing to me.

なぜ彼女が僕にあんなことを言ったのか理解できなかった。

0938 He had to (**make room for**) his new books on the shelf.

彼は新しい本のための場所を、棚に空けなければならなかった。

0939 I will (**make use of**) every opportunity to reach my goal.

目標に到達するために、あらゆる機会を利用するつもりです。

0940 She promised to come back to work (**in a minute**).

彼女はすぐに仕事に戻ってくると約束した。

0941 She (**named**) her dog Ken (**after**) her favorite singer.

彼女は好きな歌手にちなんで、犬をケンと名付けた。

0942 (**A large number of**) students attended the ceremony.

多数の学生がその式典に出席した。

0943 She was astonished to find (**a number of**) butterflies.

彼女はたくさんのチョウを見つけて驚いた。

0944 He is planning to build a house (**of his own**) in the suburbs.

彼は郊外に自分自身の家を建てる計画を立てている。

0945 Did you really write this essay (**on your own**)?

あなたはこの小論文を本当に自分で書いたの？

0946 Don't tell anyone your private information (**on the phone**).

誰にも個人情報を電話で伝えてはいけません。

0947	**be popular with**	熟 [~に人気がある]
0948	**be proud of**	熟 [~を誇りに思う] 熟 take pride in~ ~を誇りに思う　熟 pride oneself on~ ~を誇りに思う　熟 boast of~ ~を誇る
0949	**put A away**	熟 [Aを片付ける]
0950	**put down**	熟 [~を書き留める] 熟 write down~ ~を書き留める
0951	**put off**	熟 [~を延期する] 動 postpone 延期する
0952	**put on**	熟 [~を着る] 動 wear ~を着ている
0953	**put out**	熟 [~ (明かりなど) を消す] 動 extinguish (火など) を消す
0954	**be ready for**	熟 [~の準備ができている]
0955	**the same A as B**	熟 [Bと同様のA]
0956	**They say that**	熟 [~らしい、~といううわさを聞いている] 熟 It is said that~ ~らしい、~といううわさを聞いた
0957	**see A off**	熟 [Aを見送る]

熟語

A

ランク
B

C

0947	The singer's new song (**is popular with**) many people.
	その歌手の新しい歌は、たくさんの人々に人気です。

0948	He (**is proud of**) having been a chess champion.
	彼はチェスのチャンピオンだったことを誇りに思っている。

0949	(**Put**) your toys (**away**) after playing with them.
	おもちゃで遊んだ後は片付けなさい。

0950	I (**put down**) his address in case I forget it.
	忘れるといけないので、彼のアドレスを書き留めたんです。

0951	The Tokyo Olympics were (**put off**) for one year.
	東京オリンピックが1年延期された。

0952	She will (**put on**) her favorite dress for the party.
	彼女はパーティーでいちばんお気に入りのドレスを着ます。

0953	The firefighters are doing their best to (**put out**) the fire.
	消防士たちは消火するために全力を尽くしている。

0954	(**Are**) all the documents (**ready for**) the presentation?
	プレゼンのための書類は全部準備できていますか？

0955	She has (**the same**) hairstyle (**as**) her elder sister.
	彼女はお姉さんと同じ髪形をしている。

0956	(**They say that**) laughter is the best medicine.
	笑いは最善の薬だそうだ。

0957	We gathered at the station to (**see**) our teacher (**off**).
	僕たちは先生を見送るために駅に集まった。

0958	**set up**	熟 [～を設置する、(組織など) を設立する] 動 install 設置する
0959	**be supposed to**	熟 [～することになっている]
0960	**take a break**	熟 [休憩する] 熟 have a break 休憩する
0961	**take a look at**	熟 [～をちょっと見る] 熟 have a look at~ ～をちょっと見る
0962	**take a seat**	熟 [座る] 熟 have a seat 座る
0963	**take away**	熟 [～を取り除く、～を取り上げる] 動 remove 取り除く
0964	**take back**	熟 [～を返す、～に思い起こさせる]
0965	**thanks to**	熟 [～のおかげで]
0966	**be tired from**	熟 [～に疲れている]
0967	**be tired of**	熟 [～にうんざりする] 熟 be tired from~ ～に疲れている
0968	**together with**	熟 [～と一緒に] 熟 along with~ ～と一緒に

熟語

A

ランク
B

C

0958
We are going to (set up) new computers in our office.

私たちは事務所に新しいコンピュータを設置することになっています。

0959
I (am supposed to) meet my old friends from high school.

私は高校からの古い友達と会うことになっています。

0960
He is tired from studying and needs to (take a break).

彼は勉強に疲れて休憩を必要としている。

0961
Let's go to the beach to (take a look at) the sunset.

夕日を見に浜辺に行こうよ。

0962
Please (take a seat) and make yourself at home.

お座りになってくつろいでください。

0963
The waiter (took away) the empty dishes from our table.

ウェイターが私たちのテーブルから空いた皿を持っていった。

0964
I have to (take back) this book to the library today.

今日、この本を図書館に返さなくちゃならないんだ。

0965
(Thanks to) her help, I managed to finish my homework.

彼女が手伝ってくれたおかげで、なんとか宿題が終わった。

0966
I (was tired from) the day's work, so I went to bed early.

その日の仕事で疲れていたので早めに寝た。

0967
I (am tired of) being asked to do the same tasks.

同じ仕事を頼まれるのにうんざりしているんだ。

0968
You should try cold chicken (together with) salad.

コールドチキンをサラダと一緒に食べてごらん。

№		
0969	**up to**	熟 [～次第である、～まで、～を企んで]
0970	**do with**	熟 [～を処理する]
0971	**work for**	熟 [～に勤めている]
0972	**go well**	熟 [似合う、うまくいく]
0973	**can afford to**	熟 [～する余裕がある]
0974	**be in trouble**	熟 [困っている]
0975	**superior to**	熟 [～より優れている]
0976	**inferior to**	熟 [～より劣っている]
0977	**senior to**	熟 [～より年上である]
0978	**junior to**	熟 [～より年下である]
0979	**generally speaking**	熟 [一般的に言うと]

0969

It is (**up to**) your effort whether you will succeed in life.

人生において成功するかどうかは努力次第なんだ。

0970

Do you have any idea what to (**do with**) this garbage?

このゴミをどう処理するべきか、何か考えはありますか？

0971

He has been (**working for**) the company for 30 years.

彼は30年間ずっと、その会社に勤めています。

0972

He chose a necktie which would (**go well**) with his shirts.

彼はシャツによく合うネクタイを選んだ。

0973

He (**could**) barely (**afford to**) buy a used car.

彼はかろうじて中古車を買う余裕はあった。

0974

When you (**are in trouble**), you can call me anytime.

困ったときにはいつでも、電話してきていいよ。

0975

She is far (**superior to**) me in her English speaking ability.

彼女は英語をしゃべる能力において、私よりもだいぶ優れている。

0976

That expensive wine is (**inferior to**) this in taste.

あの高価なワインは味がこれよりも劣る。

0977

He is (**senior to**) me and has a bossy attitude.

彼は私よりも年上で横柄な態度だ。

0978

He is (**junior to**) me but has more experience in this field.

彼は私よりも年下だが、この分野の経験は私よりも豊富だ。

0979

(**Generally speaking**), fruits and vegetables are healthy.

一般的に言うと、果物と野菜は健康に良い。

0980	**be sick of**	熟 [~にうんざりしている] 熟 be tired of~ ~にうんざりしている
0981	**show off**	熟 [~を見せびらかす]
0982	**be aware of**	熟 [~に気づいている] 名 awareness 意識
0983	**at the beginning of**	熟 [~の初めに]
0984	**be concerned about**	熟 [~について心配している]
0985	**be concerned with**	熟 [~に関心 [関係] がある]
0986	**be on a diet**	熟 [ダイエットをしている] 熟 go on a diet ダイエットをする
0987	**fall in love with**	熟 [~と恋に落ちる]
0988	**go wrong**	熟 [うまくいかない、故障する]
0989	**have no idea**	熟 [まったくわからない]
0990	**have trouble (in) -ing**	熟 [~するのに苦労する] 熟 have difficulty (in) -ing ~するのに苦労する

182

0980
He (is sick of) his current job.

彼は今の仕事にうんざりしている。

0981
He couldn't help (showing off) his new sports car.

彼は新しいスポーツカーを見せびらかさずにはいられなかった。

0982
He (wasn't aware of) the potential danger.

彼は潜在的な危険性に気づいていなかった。

0983
She fell asleep (at the beginning of) the movie.

彼女はその映画の初めのほうで眠ってしまった。

0984
We (are concerned about) climate change.

私たちは気候変動を心配しているのです。

0985
The organization (is) only (concerned with) earning money.

その組織は、お金を稼ぐことにしか関心がない。

0986
She (was on a diet) to lose weight before her wedding.

彼女は結婚式の前に、体重を減らすためにダイエットをしていた。

0987
They (fell in love with) each other while traveling.

彼らは旅行中にお互いに恋に落ちた。

0988
Something has (gone wrong) with my computer.

私のコンピュータがどこかおかしい。

0989
I (have no idea) where I left my key.

どこに鍵を置き忘れたかさっぱりわからない。

0990
He has been (having trouble finding) a job.

彼は仕事を見つけるのにずっと苦労している。

0991	little by little	熟 [少しずつ] 副 gradually だんだん、徐々に
0992	no longer	熟 [もはや〜ない] 熟 not 〜 any longer もはや〜ない
0993	at a loss	熟 [困って]
0994	no more than	熟 [わずか〜]
0995	no less than	熟 [なんと〜も]
0996	not more than	熟 [せいぜい〜、多くて〜]
0997	not less than	熟 [少なくとも〜]
0998	point out	熟 [〜を指摘する]
0999	in spite of	熟 [〜にもかかわらず] 前 despite 〜にもかかわらず
1000	think of A as B	熟 [AをBと考える]　熟 regard A as B AをBと考える　熟 consider A as B AをBと考える　熟 see A as B AをBと考える　熟 view A as B AをBと考える
1001	those who	熟 [〜する人々]

0991

Her English speaking-ability is improving (little by little).

彼女の英語を話す能力が少しずつ良くなっている。

0992

She (no longer) wears that ring because she lost it.

なくしてしまったので、彼女はもうあの指輪をしていません。

0993

I was (at a loss) for words.

私は言葉に詰まった。

0994

I had (no more than) 10 dollars in my wallet then.

そのとき僕の財布には、10 ドルしか入っていなかった。

0995

There were (no less than) 1,000 people in the gym.

体育館にはなんと 1000 人も人がいた。

0996

His salary is likely (not more than) 2,000 dollars a month.

彼の給料は多くて月額 2000 ドルだろう。

0997

Maybe she has (not less than) 100 bottles of wine.

おそらく、彼女は少なくとも 100 本のワインを持っている。

0998

Please (point out) any mistakes in my composition.

私の作文にあるどんな間違いも指摘してください。

0999

(In spite of) the opposition, she will follow her beliefs.

反対意見にもかかわらず、彼女は信念に従うだろう。

1000

They (think of) their dog (as) a member of their family.

彼らは犬を家族の一員だと考えている。

1001

(Those who) don't learn from the past will not improve.

過去から学習しない人々は進歩しない。

1002	**at the same time**	熟 [同時に]
1003	**try on**	熟 [〜を試着する]
1004	**That's why**	熟 [そんなわけで〜だ]
1005	**insist on**	熟 [〜を主張する]
1006	**persist in**	熟 [〜に固執する]
1007	**take a rest**	熟 [休憩する]
1008	**in fact**	熟 [実際に、じつは]
1009	**be willing to**	熟 [喜んで〜する、進んで〜する]
1010	**in common**	熟 [共通の、共通に]
1011	**turn A into B**	熟 [AをBに変える]
1012	**call out**	熟 [大声で叫ぶ]

1002

It was difficult to sing and dance (**at the same time**).

同時に歌いながら踊るのは難しかった。

1003

Where can I (**try on**) this pair of trousers?

このズボンをどこで試着できますか？

1004

He is kindhearted. (**That's why**) I got married to him.

彼は優しい。そういうわけで私は彼と結婚したのです。

1005

She (**insisted on**) pursuing her dream whatever happens.

彼女は何が起ころうとも夢を追うと主張した。

1006

He (**persists in**) his own idea and refuses to accept mine.

彼は自分の考えに固執して、私の意見を受け入れるのを拒む。

1007

The doctor advised me to (**take a rest**) for several days.

医師が私に数日休憩するように助言した。

1008

She said she was busy, but (**in fact**), she was just lazy.

彼女は忙しいと言ったが、実際には怠けていただけなんだ。

1009

I (**am willing to**) help you whenever you need it.

あなたが必要とするときは、いつでも喜んでお手伝いしますよ。

1010

These flowers have several features (**in common**).

これらの花はいくつかの特徴を共通に持つ。

1011

This machine (**turns**) sunlight (**into**) electricity.

この機械は日光を電気に変えるんです。

1012

In an emergency, you should (**call out**) for help.

緊急事態のときには、大声で助けを求めるべきだ。

1013	**dress up**	熟 [着飾る]
1014	**not ~ at all**	熟 [少しも～ない] 熟 not ~ in the least 少しも～ない
1015	**show up**	熟 [姿を見せる] 動 appear 姿を見せる
1016	**take place**	熟 [開催される、起こる] 動 occur 起こる
1017	**according to**	熟 [～によると、～に応じて、～に従って]
1018	**happen to do**	熟 [たまたま～する] 熟 It happens that~ たまたま～だ
1019	**stop A from -ing**	熟 [Aが～するのを妨げる] 熟 prevent A from -ing Aが～するのを妨げる 熟 keep A from -ing Aが～するのを妨げる
1020	**be in danger of**	熟 [～の危険がある]
1021	**in short**	熟 [手短に言うと]
1022	**run away**	熟 [逃げる]
1023	**be in time for**	熟 [～に間に合う] 熟 be late for~ ～に遅れる

1013

You should (**dress up**) in a suit for the job interview.

仕事の面接ではスーツで着飾るべきだよ。

1014

He (**doesn't**) seem to be tired (**at all**) after a day's work.

彼は1日仕事をした後なのに、全然疲れていないようだ。

1015

I waited for half an hour before she finally (**showed up**).

僕はやっと彼女が姿を見せるまで、30分待った。

1016

The wedding ceremony will (**take place**) at the church.

結婚式は教会で行われる予定だ。

1017

(**According to**) the weather forecast, it's going to rain.

天気予報によると、雨が降るそうだ。

1018

I (**happened to**) find a dollar bill on the sidewalk.

歩道に1ドル札があるのをたまたま見つけた。

1019

The police officer (**stopped**) the thief (**from escaping**).

警官は泥棒が逃げるのを妨げた。

1020

He (**was in danger of**) losing his job then.

彼はそのとき職を失う危険があった。

1021

(**In short**), she has decided to give up her current job.

手短に言うと、彼女は今の仕事を辞めることに決めたんだ。

1022

The girl was surprised at the dog and (**ran away**).

その女の子は犬に驚いて逃げた。

1023

I overslept but managed to (**be in time for**) class.

寝すごしたけれど、なんとか授業に間に合った。

189

1024	**refuse** [rɪfjúːz]	他 [拒否する] 名 refusal 拒否
1025	**discuss** [dɪskʌ́s]	他 [話し合う] 名 discussion 討論
1026	**appeal** [əpíːl]	自 [(心に) 訴える] 熟 appeal to~ 〜に訴える
1027	**arrange** [əréɪndʒ]	他 [整える、手配する] 名 arrangement 調整
1028	**chase** [tʃéɪs]	他 [追う]
1029	**dig** [díg]	他 [掘る]
1030	**gain** [géɪn]	他 [得る] 熟 gain weight 太る 熟 lose weight やせる
1031	**recognize** [rékəgnàɪz]	他 [わかる、認識する] 名 recognition 認識
1032	**regard** [rɪgáːrd]	他 [見なす] 熟 regard A as B AをBと見なす
1033	**rob** [ráːb]	他 [奪う] 熟 rob A of B AのBを奪う 熟 deprive A of B AのBを奪う
1034	**stretch** [strétʃ]	他 [伸ばす]

1024

She decided to (**refuse**) to accept his proposal.

彼女は彼からのプロポーズを断ることに決めた。

1025

We (**discussed**) the matter over a cup of coffee.

私たちはコーヒーを飲みながらその件を話し合った。

1026

I (**appealed**) to my parents for financial support.

私は財政的な援助を求めて両親に訴えた。

1027

My boss told me to (**arrange**) the meeting for next Monday.

上司が私に、次の月曜日の会議を手配するように言った。

1028

I saw the police officer (**chasing**) the thief.

私は警察官が泥棒を追いかけているのを見た。

1029

They are (**digging**) a tunnel.

彼らはトンネルを掘っている。

1030

Every time I talk to him, I (**gain**) something precious.

私は彼と話すたび、何か貴重なものを手に入れる。

1031

I couldn't (**recognize**) her at first.

初めは彼女が誰だかわからなかった。

1032

We (**regard**) him as a genius of the 21st century.

私たちは彼を 21 世紀の天才と見なしている。

1033

A man approached her and (**robbed**) her of her bag.

ある男性が彼女に近づいてかばんを奪った。

1034

He (**stretched**) his arms for the book on the shelf.

彼は棚の上の本を求めて両腕を伸ばした。

1035	**exist** [ɪgzíst]	自 [存在する] 名 existence 存在
1036	**flow** [flóu]	自 [流れる]　名 [流れ]
1037	**float** [flóut]	自 [浮かぶ]
1038	**sink** [síŋk]	自 [沈む]
1039	**whisper** [hwíspər]	他 [ささやく]
1040	**require** [rɪkwáɪər]	他 [要求する、必要とする] 名 requirement 要求 熟 require A to~ Aが~するように要求する
1041	**demand** [dɪmǽnd]	他 [要求する]　名 [要求、需要]
1042	**overcome** [òuvərkʌ́m]	他 [克服する]
1043	**oversleep** [òuvərslíːp]	自 [寝過ごす]
1044	**admit** [ədmít]	他 [認める]
1045	**apologize** [əpáːlədʒàɪz]	自 [謝罪する] 名 apology 謝罪 熟 apologize to A for B AにBのことを詫びる

Do you think aliens (**exist**) somewhere in the universe?

1035 宇宙のどこかに宇宙人が存在していると思いますか？

The Shinano River (**flows**) through Nagano and Niigata.

1036 信濃川は長野と新潟を通って流れている。

I was fishing on a boat (**floating**) on the lake.

1037 私は湖に浮かんでいる船に乗って釣りをしていた。

He saw the ship (**sinking**) to the depths of the ocean.

1038 彼は船が海の深いところに沈んでいくのを見た。

She (**whispered**) something to me, but I couldn't hear it.

1039 彼女が私に何かささやいたが、私はそれが聞こえなかった。

The extra will be (**required**) for another bowl of rice.

1040 ご飯のおかわりには追加料金が必要です。

A stranger approached me and (**demanded**) some money.

1041 知らない人が私に近づいてきてお金を要求した。

We had to (**overcome**) great hardship even after the war.

1042 私たちは戦争の後になっても、大きな困難を克服しなければならなかった。

I (**overslept**) this morning.

1043 私は今朝、寝すごした。

I (**admit**) that he has some faults, but I still love him.

1044 彼にはいくつか欠点があるのは認めるが、それでも私は彼が大好きだ。

We have to (**apologize**) to you for the inconvenience.

1045 私たちはあなたにご不便をかけたことを詫びなければならない。

bark [bá:rk] 1046	自 [吠える]	
blame [bléɪm] 1047	他 [非難する] 熟 blame A for B Bのことで A を非難する 熟 blame A on B A を B のせいにする	
bother [bá:ðər] 1048	他 [悩ます]	
concentrate [ká:nsəntrèɪt] 1049	自 [集中する] 名 concentration 集中、集中力 熟 concentrate on~ ~に集中する	
display [dɪspléɪ] 1050	他 [展示する]	
advertise [ǽdvərtàɪz] 1051	他 [宣伝する] 名 ad 広告 名 advertisement 宣伝、広告	
retire [rɪtáɪər] 1052	自 [退職する] 名 retirement 退職、引退	
suffer [sʌ́fər] 1053	自 [苦しむ] 熟 suffer from~ ~に苦しむ	
blow [blóʊ] 1054	自 [吹く]	
pretend [prɪténd] 1055	他 [ふりをする] 熟 pretend to~ ~するふりをする 熟 make believe to~ ~するふりをする	
babysit [béɪbɪsɪt] 1056	他 [ベビーシッターをする、子守をする]	

1046	Weak dogs (**bark**) more.
	弱い犬のほうがよく吠える。

1047	They (**blame**) the accident on me, but I have no relation.
	彼らはその事故を私のせいにしているが、私は何も関係がない。

1048	The loud music from the next room was (**bothering**) me.
	となりの部屋からの大音量の音楽が、私を悩ませていた。

1049	I can't (**concentrate**) on my studies because of a toothache.
	歯痛のせいで勉強に集中できないんだ。

1050	An expensive car is (**displayed**) in the window.
	高価な車がウィンドウに展示されている。

1051	They started a website to (**advertise**) their new product.
	彼らは新製品を宣伝するために、ウェブサイトを立ち上げた。

1052	He is going to move abroad after he (**retires**).
	彼は退職後、海外に引っ越すことになっている。

1053	She has been (**suffering**) from a terrible headache.
	彼女はずっとひどい頭痛に苦しんでいる。

1054	Strong wind was (**blowing**) when I was going to work.
	私が職場に行くとき、強い風が吹いていた。

1055	He (**pretended**) to know everything about our plan.
	彼は私たちの計画について、すべてを知っているふりをした。

1056	We are looking for someone who can (**babysit**) our baby.
	私たちは赤ちゃんの子守をしてくれる人を探している。

1057	**charge** [tʃɑ́:rdʒ]	他 [請求する、充電する] 图 [料金] 熟 be in charge of~ ～を担当している
1058	**excite** [ɪksáɪt]	他 [興奮させる] 图 excitement 興奮、わくわく 形 exciting わくわくするような 形 excited わくわくしている
1059	**ignore** [ɪgnɔ́:r]	他 [無視する] 图 ignorance 無知 形 ignorant 無知な 熟 be ignorant of~ ～を知らない
1060	**issue** [íʃu:]	他 [発行する] 图 [問題 (点)、出版物]
1061	**link** [líŋk]	他 [関連づける] 熟 link A to B AをBに関連づける
1062	**mix** [míks]	他 [混ぜる] 图 mixture 混合、混合物
1063	**pour** [pɔ́:r]	他 [注ぐ、(雨が) 土砂降りに降る]
1064	**refresh** [rɪfréʃ]	他 [さわやかにする]
1065	**regret** [rɪgrét]	他 [後悔する] 形 regrettable 残念な
1066	**resort** [rɪzɔ́:rt]	自 [訴える] 图 [行楽地] 熟 resort to~ ～ (手段) に訴える
1067	**spare** [spéər]	他 [(時間などを) 割く]

1057 The hotel will (charge) you an additional fee for late arrivals.

そのホテルは到着が遅れると、追加料金を請求する。

1058 The result of the football game greatly (excited) him.

フットボールの試合の結果が彼を大いに興奮させた。

1059 His boss (ignored) the fact that he had made a mistake.

上司は彼がミスをしたという事実を無視した。

1060 Your driver's license will be (issued) at two.

あなたの運転免許証は2時に発行されます。

1061 Lung cancer seems to be (linked) to cigarette smoking.

肺がんは喫煙と関係があるようだ。

1062 (Mix) some sugar to the butter and stir until it turns white.

バターに砂糖を混ぜて、白くなるまでかき混ぜてください。

1063 Please (pour) some more orange juice into my glass.

私のグラスにあといくらかオレンジジュースを注いでください。

1064 A glass of cold water after exercise (refreshed) me.

運動の後のグラス1杯の水で、私はさわやかな気分になった。

1065 He (regrets) what he said at the conference.

彼は、会議で言ったことを後悔している。

1066 (Resorting) to violence is prohibited under any situation.

暴力に訴えることは、いかなる状況でも禁止されている。

1067 Excuse me, but can you (spare) me a few minutes?

すみませんが、少し時間を割いてくれませんか？

1068	**spill** [spíl]	他 [こぼす]
1069	**pray** [préɪ]	自 [祈る]
1070	**foster** [fɔ́(:)stər]	他 [促進する、育てる]
1071	**switch** [swítʃ]	他 [切り替える]
1072	**confirm** [kənfə́:rm]	他 [確認する]
1073	**submit** [səbmít]	他 [提出する] 熟 hand in ~ ～を提出する
1074	**tease** [tíːz]	他 [いじめる、からかう]
1075	**reserve** [rɪzə́:rv]	他 [予約する] 名 reservation 予約
1076	**deserve** [dɪzə́:rv]	他 [受けるに値する]
1077	**demonstrate** [démənstrèɪt]	他 [示す、実演して見せる] 名 demonstration 表示、デモ
1078	**release** [rɪlíːs]	他 [解放する、放出する]

1068

It is no use crying over (**spilt**) milk.

覆水盆に返らず（こぼれたミルクを嘆いても無駄だ）。

1069

Every morning I (**pray**) for world peace.

毎朝、私は世界平和を祈っている。

1070

We should (**foster**) a good relationship as classmates.

私たちはクラスメートとして良い関係を育むべきだ。

1071

He (**switched**) his major from economics to literature.

彼は専攻を経済学から文学に切り替えた。

1072

Excuse me, but can I (**confirm**) the date of the delivery?

すみませんが、配達の日付をたしかめてもいいですか？

1073

Can I (**submit**) my application form by e-mail?

申込書をメールで提出してもいいですか？

1074

I got angry when he (**teased**) me about my way of talking.

彼が私の話し方をからかったときは、頭にきたよ。

1075

He (**reserved**) a room at the hotel for his next trip.

彼は次の旅行のために、そのホテルの部屋を予約した。

1076

Her excellent performance (**deserved**) an award.

彼女の優れた演技は、賞を受けるに値するものだった。

1077

The chef (**demonstrated**) the right way to cook fish.

料理長が正しい魚の調理方法を見せてくれた。

1078

We (**release**) too much carbon dioxide into the atmosphere.

我々は、大気中に二酸化炭素を放出しすぎている。

1079	**refrain** [rɪfréɪn]	自 [慎む、控える、やめる] 熟 refrain from~ ~を慎む、~を控える
1080	**oppose** [əpóʊz]	他 [反対する] 熟 be opposed to~ ~に反対している
1081	**distinguish** [dɪstíŋgwɪʃ]	他 [区別する] 名 distinction 区別 熟 distinguish A from B AをBと区別する
1082	**enable** [ɪnéɪbl]	他 [できるようにする、可能にする] 熟 enable A to~ Aが~できるようにする
1083	**dismiss** [dɪsmís]	他 [解雇する、解散させる]
1084	**refer** [rɪfə́:r]	自 [参照する] 熟 refer to~ ~を参照する 熟 refer to A as B AをBと呼ぶ
1085	**approve** [əprú:v]	自 [認める] 名 approval 承認、同意 熟 approve of~ ~を認める
1086	**face** [féɪs]	他 [面と向かう、直面する] 熟 be faced with~ ~に直面している　熟 in the face of~ ~をものともせずに、~に直面して
1087	**involve** [ɪnvá:lv]	他 [含む、巻き込む] 熟 be involved in~ ~に巻き込まれている
1088	**contribute** [kəntríbju:t]	自 [貢献する、寄与する] 名 contribution 貢献、寄付 熟 contribute to~ ~に貢献する、~に寄与する
1089	**donate** [dóʊnèɪt]	他 [寄付する、捧げる] 名 donation 寄付

1079

Would you (**refrain**) from smoking in this restaurant?

このレストランでは喫煙をお控えいただけますか？

1080

Many citizens (**oppose**) the construction of a new factory.

多くの市民が、新しい工場の建設に反対している。

1081

Can you (**distinguish**) one twin from the other?

あなたはその双子の一人を、もう一人と区別できますか？

1082

This new smartphone (**enables**) users to take clear photos.

この新しいスマートフォンでは、ユーザーは鮮明な写真を撮ることができる。

1083

The company had to (**dismiss**) several employees.

その会社は、数名の従業員を解雇しなくてはならなかった。

1084

The historians (**refer**) to that period as the "Edo period".

歴史家はその時代を「江戸時代」と呼ぶ。

1085

My father didn't (**approve**) of me attending the party alone.

父は私が一人でパーティーに参加するのを認めてくれなかった。

1086

She (**faced**) a difficult situation in finding a job.

彼女は仕事探しで困難な状況に直面した。

1087

Today's homework (**involves**) writing a report.

今日の宿題には、レポートの執筆が含まれている。

1088

My father has been (**contributing**) to his current company.

父は今の会社にずっと貢献している。

1089

He (**donated**) his time and labor to the children's cafeteria.

彼は自分の時間と労力を、子どもカフェに捧げた。

1090	**impose** [ɪmpóuz]	他 [押し付ける、課す] 熟 impose A on B AをBに課す
1091	**invest** [ɪnvést]	他 [投資する] 名 investment 投資
1092	**intend** [ɪnténd]	他 [意図する、〜するつもりである] 名 intention 意図 熟 intend to~ 〜するつもりである
1093	**specialize** [spéʃəlàɪz]	他 [専門にする、特化する] 熟 specialize in~ 〜を専門にする、〜に特化する
1094	**sympathize** [símpəθàɪz]	自 [同情する、共感する] 形 sympathetic 同情している
1095	**disappear** [dìsəpíər]	自 [姿を消す] 動 appear 現れる、〜に見える
1096	**appear** [əpíər]	自 [現れる、〜に見える] 動 seem 〜に見える
1097	**remain** [rɪméɪn]	自 [残る、〜のままでいる]
1098	**locate** [lóukeɪt]	他 [設置する] 名 location 位置 熟 be located 位置する、ある
1099	**remove** [rɪmúːv]	他 [取り除く]
1100	**frighten** [fráɪtn]	他 [怖がらせる] 形 frightening 恐ろしい 熟 be frightened of~ 〜を怖がる

1090

The government will (**impose**) strict regulations to smoking.

政府は喫煙に厳しい規制を課すだろう。

1091

She decided to (**invest**) her savings in the stock market.

彼女は貯金を、株式市場に投資することに決めた。

1092

He (**intends**) to have a career in medicine in the future.

彼は将来、医療の仕事に就くつもりだ。

1093

He will (**specialize**) in computer programming.

彼はコンピュータープログラミングを専門にするだろう。

1094

We (**sympathize**) with the victims of the natural disaster.

私たちは自然災害の犠牲者たちに同情している。

1095

The plane went away and (**disappeared**) from sight.

飛行機が離れて行って、視界から消えた。

1096

My favorite actor (**appeared**) on the stage.

私の好きな俳優が舞台に現れた。

1097

Please (**remain**) quiet while the teacher is in this room.

先生がこの部屋にいるあいだは、静かにしていてください。

1098

Their new apartment building is (**located**) in the suburbs.

彼らの新しいアパートは郊外に位置している。

1099

They swept and (**removed**) the fallen leaves.

彼らは掃き掃除をして、落ち葉を取り除いた。

1100

My son is (**frightened**) of big dogs.

うちの息子は大きな犬を怖がっている。

1101	**belong** [bɪlɔ́(:)ŋ]	自 [所属する] 熟 belong to~ ～に所属する、～のものである
1102	**influence** [ínfluəns]	他 [影響を及ぼす]
1103	**prevent** [prɪvént]	他 [妨げる、防ぐ] 熟 prevent A from -ing Aが～するのを妨げる
1104	**attract** [ətrǽkt]	他 [引き付ける] 名 attraction 引き付けるもの、呼び物
1105	**encourage** [ɪnká:rɪdʒ]	他 [励ます、勇気づける] 熟 discourage A from -ing Aが～する気をくじく 名 courage 勇気 熟 encourage A to~ Aを～するように励ます
1106	**encounter** [enkáuntər]	他 [出会う、ばったり会う]
1107	**criticize** [krítəsàɪz]	他 [批判する] 名 criticism 批判 名 critic 評論家
1108	**accomplish** [əká:mplɪʃ]	他 [達成する] 名 accomplishment 達成
1109	**construct** [kənstrʌ́kt]	他 [建設する] 名 construction 建設 熟 under construction 建設中で
1110	**compete** [kəmpí:t]	自 [競争する、参加する] 名 competition 競争
1111	**exhaust** [ɪgzɔ́:st]	他 [使い果たす、疲れさせる] 名 exhaustion 極度の疲労

1101

She (**belonged**) to a local brass band.

彼女は地元のブラスバンドに所属していた。

1102

His remarks on the Internet (**influence**) many people.

インターネット上での彼の発言は、多くの人に影響を与えている。

1103

The heavy rain (**prevented**) us from leaving on schedule.

その大雨が、我々が予定通り出発するのを妨げた。

1104

They sell eggs cheap to (**attract**) customers.

彼らは顧客を引き付けるために、卵を安く売っている。

1105

She (**encouraged**) her son to eat more vegetables.

彼女は息子に、野菜をもっと食べるように奨励した。

1106

While walking in a forest, he (**encountered**) a bear.

森を歩いているあいだに、彼は熊に出くわした。

1107

Some people (**criticize**) his works.

彼の作品を批判する人もいる。

1108

I wonder if we can (**accomplish**) our goal by the deadline.

締め切りまでに、私たちが目標を達成できるのかどうか心配だ。

1109

A big bridge is being (**constructed**) over the river.

大きな橋が川の上に建設されています。

1110

He is training hard to (**compete**) in the Olympics.

彼はオリンピックに参加するために、熱心に訓練している。

1111

She was completely (**exhausted**) after the marathon.

彼女はマラソンの後、完全に疲れ切っていた。

1112	**exclude** [ɪksklúːd]	他 [除外する] 名 include 含む
1113	**conclude** [kənklúːd]	他 [結論づける] 名 conclusion 結論
1114	**accuse** [əkjúːz]	他 [責める、告訴する] 熟 accuse A of B AをBのことで責める、AをBの件で告訴する
1115	**yell** [jél]	自 [大声で叫ぶ]
1116	**surround** [səráʊnd]	他 [囲む] 名 surroundings 環境、周囲の状況
1117	**impress** [ɪmprés]	他 [感動させる] 名 impression 印象
1118	**upset** [ʌpsét]	他 [動転させる]
1119	**replace** [rɪpléɪs]	他 [取り換える] 熟 replace A with B AをBと取り替える
1120	**scare** [skéər]	他 [怖がらせる] 形 scary 恐ろしい 熟 be scared of~ ～におびえる
1121	**prove** [prúːv]	他 [証明する、～だとわかる]
1122	**despise** [dɪspáɪz]	他 [軽蔑する] 動 scorn 軽蔑する 熟 look down on~ ～を軽蔑する

1112

This survey (**excludes**) participants under 15.

この調査は 15 歳未満の参加者を除外してあります。

1113

They reached the (**conclusion**) that he was guilty.

彼らは彼が有罪であるという結論に達した。

1114

The boy (**accused**) his elder brother of breaking his toy.

その男の子は、兄がおもちゃを壊したことを責めた。

1115

My little brother (**yelled**) when I scared him.

びっくりさせたら、弟は叫び声を上げた。

1116

My grandfather was sitting there (**surrounded**) by children.

祖父は子どもたちに囲まれて、そこに座っていた。

1117

I was greatly (**impressed**) with her attitude.

彼女の態度には、大いに感銘を受けた。

1118

The news of the singer's death greatly (**upset**) her.

その歌手が亡くなったというニュースは、彼女を大いに動転させた。

1119

Electricity may (**replace**) gasoline as fuel for cars.

車用の燃料として、電気がガソリンに取って代わるかもしれない。

1120

Merely seeing the dentist (**scares**) my daughter.

歯医者を見ただけで娘は怖がる。

1121

The trial will (**prove**) my innocence.

裁判が私の無実を証明するだろう。

1122

It is wrong to (**despise**) others.

他人を軽蔑するのは間違っている。

1123	**perceive** [pərsíːv]	他 [認識する、知覚する] 名 perception 認識、知覚
1124	**borrow** [bá:rou]	他 [(無料で) 借りる]
1125	**postpone** [poustpóun]	他 [延期する] 動 cancel 中止する 熟 put off~ ～を延期する　熟 call off~ ～を中止する
1126	**deny** [dınáı]	他 [否定する] 名 denial 否定 熟 deny -ing ～したのを否定する
1127	**guess** [gés]	他 [推測する]
1128	**seek** [síːk]	他 [探し求める]
1129	**rear** [ríər]	他 [(子を) 育てる] 動 raise (子を) 育てる、上げる、高める、増やす 動 bring up~ (子を) 育てる
1130	**investigate** [ınvéstəgèıt]	他 [(詳しく) 調査する] 熟 look into~ ～を (詳しく) 調査する
1131	**abandon** [əbændən]	他 [捨てる、断念する]
1132	**complain** [kəmpléın]	自 [不平を言う] 名 complaint 文句、不平 熟 complain of[about]~ ～について文句を言う
1133	**disturb** [dıstə́:rb]	他 [妨げる] 名 disturbance 妨害

208

単語編

A

B

ランク
C

動詞

1123 Different people (**perceive**) the word peace differently.

平和という言葉の認識の仕方は、人によって異なる。

1124 She asked me if she could (**borrow**) my car that weekend.

彼女は私に、その週末に車を借りてもいいかと尋ねた。

1125 The athletic meeting was (**postponed**) due to the rain.

運動会は雨のため延期になりました。

1126 He (**denied**) having any connection to the robbery.

彼はその強盗事件とのいかなる関係も否定した。

1127 Can you (**guess**) what my age is?

私が何歳か推測できますか？

1128 He asked the police to (**seek**) his stolen car.

彼は警察に盗まれた車を探すように頼んだ。

1129 The parents worked hard to (**rear**) their three children.

両親は 3 人の子どもを育てるために、熱心に働いた。

1130 The researchers (**investigated**) the effects of the new drug.

研究者たちが新薬の効果を調査した。

1131 The family decided to (**abandon**) their old house.

その家族は、古い家を捨てることに決めた。

1132 She is always (**complaining**) about her husband.

彼女はいつも夫の文句ばかり言っている。

1133 Please don't (**disturb**) me while I am sleeping.

眠っているあいだは邪魔しないでください。

1134 **track** [træk]	名 [跡、(陸上競技の) トラック] 動 trace たどる 名 trace 跡
1135 **entertainment** [èntərtéɪnmənt]	名 [娯楽] 名 entertainer 芸人 動 entertain 楽しませる
1136 **anniversary** [æ̀nəvə́:rsəri]	名 [記念日]
1137 **attitude** [ǽtət(j)ù:d]	名 [態度]
1138 **lecture** [léktʃər]	名 [講義]
1139 **lobby** [lá:bi]	名 [広間 [ロビー]]
1140 **operation** [ɑ̀:pəréɪʃən]	名 [手術] 動 operate 操作する、操縦する
1141 **pollution** [pəlú:ʃən]	名 [汚染] 動 pollute 汚染する 名 contamination 汚染
1142 **society** [səsáɪəti]	名 [社会] 形 social 社会の、社交的な
1143 **transportation** [træ̀nspərtéɪʃən]	名 [交通機関] 動 transport 輸送する
1144 **relative** [rélətɪv]	名 [親戚] 熟 relate A to B AをBに関連づける

1134

The athletes will compete on the (track) tomorrow.

その陸上選手たちは明日、トラックで競います。

1135

The amusement park provides a lot of (entertainment).

その遊園地は、たくさんの娯楽を提供している。

1136

We celebrated our fifth wedding (anniversary) last night.

私たちは昨夜、5回目の結婚記念日を祝った。

1137

He was pleased with his student's positive (attitude).

彼は学生たちの積極的な態度をうれしく思っていた。

1138

I was impressed by his (lecture) on the history of art.

私は彼の美術史に関する講義に感銘を受けた。

1139

We waited in the (lobby) for the actor to show up.

私たちはロビーでその俳優が現れるのを待った。

1140

She underwent an (operation) to fix her knee.

彼女はひざを治すために、手術を受けた。

1141

Air (pollution) is a serious problem in the cities.

大気汚染は都市部で深刻な問題だ。

1142

The role of women has evolved greatly in our (society).

我々の社会では、女性の役割が大いに進化した。

1143

Public (transportation) is convenient here.

ここでは公共交通機関が便利です。

1144

It turned out that she was my distant (relative).

彼女は私の遠い親戚だと判明した。

1145	**option** [ά:pʃən]	名 [選択肢]
1146	**army** [ά:rmi]	名 [軍]
1147	**soldier** [sóuldʒər]	名 [兵士]
1148	**storm** [stɔ́:rm]	名 [嵐]
1149	**thunderstorm** [θʌ́ndərstɔ̀:rm]	名 [雷雨]
1150	**household** [háushòuld]	名 [世帯]
1151	**wealth** [wélθ]	名 [富] 形 wealthy 裕福な
1152	**root** [rú:t]	名 [根、起源、根本的な原因]
1153	**expression** [ɪkspréʃən]	名 [表現] 動 express 表現する、表す
1154	**access** [ǽkses]	名 [接近経路、行きやすさ、入手する機会]
1155	**forecast** [fɔ́:rkæ̀st]	名 [予報]

1145

Consider all your (options) before making a decision.

決定を下す前に、すべての選択肢を考えてごらん。

1146

My grandfather served in the (army) in World War II.

祖父は第二次世界大戦で軍隊に仕えていた。

1147

The wounded (soldier) was carried to the hospital.

けがをした兵士が病院に運ばれた。

1148

We had to cancel the concert because of the (storm).

嵐のせいで、私たちはコンサートを中止しなければならなかった。

1149

The (thunderstorm) kept me awake all night long.

雷雨のせいで一晩中眠れなかったんだ。

1150

She manages the budget of (household) efficiently.

彼女は世帯の家計を効率よく管理している。

1151

Despite his (wealth), he doesn't feel happy at all.

裕福であるにもかかわらず、彼は全然幸せだと感じていない。

1152

The (root) of the problem was her dishonesty.

その問題の根本的な原因は、彼女の不正直だった。

1153

Her facial (expression) showed that she was angry.

表情を見れば、彼女が怒っていることがわかった。

1154

The highway provides easy (access) to the city center.

その幹線道路からは、都市の中心地へ行きやすい。

1155

The weather (forecast) says it will clear up tomorrow.

天気予報によると、明日は晴れるそうだ。

1156	**generation** [dʒènəréɪʃən]	名 [世代、発生] 動 generate 発生させる
1157	**inventor** [ɪnvéntər]	名 [発明者] 動 invent 発明する 名 invention 発明、発明品
1158	**assistant** [əsístənt]	名 [助手] 動 assist 手伝う
1159	**belief** [bɪlíːf]	名 [信念] 動 believe 信じる
1160	**campus** [kǽmpəs]	名 [大学構内 [キャンパス]]
1161	**comment** [kάːment]	名 [論評]
1162	**figure** [fígjər]	名 [数字、図形、姿、人物] 熟 figure out~ ～を理解する
1163	**film** [fílm]	名 [映画]
1164	**fuel** [fjúːəl]	名 [燃料]
1165	**geography** [dʒiάːgrəfi]	名 [地理]
1166	**gesture** [dʒéstʃər]	名 [身ぶり、ジェスチャー、意思表示]

1156

This game is popular with the younger (**generation**).

このゲームは若い世代に人気だ。

1157

Edison is said to be the greatest (**inventor**) in history.

エジソンは歴史上、最も偉大な発明家だと言われている。

1158

He hired an (**assistant**) to help him with his scheduling.

彼はスケジュール管理を手伝ってくれる助手を雇った。

1159

She holds the (**belief**) that honesty pays in the long run.

彼女は、長い目で見れば正直は割に合うという信念を持っている。

1160

He always studies in the library on (**campus**).

彼は大学構内にある図書館でいつも勉強している。

1161

She made a (**comment**) on my post on the Internet.

彼女がインターネット上の私の投稿にコメントしてくれた。

1162

She is an expert in analyzing (**figures**) and statistics.

彼女は数字と統計を分析する専門家です。

1163

My father loves to watch old classic (**films**).

私の父は古典的な映画を見るのが大好きなんです。

1164

The price of (**fuel**) has been increasing steadily recently.

燃料の価格が最近、ずっと着実に上昇している。

1165

The (**geography**) of the island makes farming difficult.

その島の地理が農業を困難にしている。

1166

As a (**gesture**) of goodwill, I offered him a handshake.

善意の意思表示として、私は彼に握手を求めた。

1167	**harvest** [há:rvəst]	名 [収穫]
1168	**industry** [índəstri]	名 [産業] 形 industrial 産業の、工業の 形 industrious 勤勉な
1169	**period** [píəriəd]	名 [期間]
1170	**planner** [plǽnər]	名 [立案者]
1171	**process** [prá:ses]	名 [過程]　動 [処理する]
1172	**reaction** [riǽkʃən]	名 [反応] 動 react 反応する
1173	**row** [róu]	名 [列] 熟 in a row 連続して
1174	**species** [spíːʃiːz]	名 [種]
1175	**surface** [sə́:rfəs]	名 [表面]
1176	**talent** [tǽlənt]	名 [才能] 形 talented 才能のある
1177	**theme** [θíːm]	名 [主題 [テーマ]]

216

単語編

A

B

ランク
C

名詞

1167 The farmers are busy with the (**harvest**) of the crops.

その農家の人たちは、農作物の収穫で忙しい。

1168 She has been working in the fashion (**industry**).

彼女はずっとファッション業界で働いている。

1169 His company experienced a (**period**) of rapid growth.

彼の会社が急成長の時期を経験した。

1170 That event (**planner**) created their wedding schedule.

あのイベント企画者が、彼らの結婚式のスケジュールを作ったんだ。

1171 The (**process**) of baking bread includes several steps.

パンを焼く工程はいくつかの段階を含みます。

1172 His (**reaction**) when I told him the truth was surprising.

私が真実を伝えたときの彼の反応は、驚くべきものだった。

1173 The (**row**) of cherry trees provides us with shade.

桜並木が私たちに日陰を提供してくれている。

1174 A new (**species**) of butterfly was found in the Amazon.

新種のチョウがアマゾンで見つかった。

1175 The diver came up to the (**surface**) to breathe.

ダイバーが呼吸するために表面に上がってきた。

1176 She has a natural (**talent**) for drawing pictures.

彼女は生まれつき絵を描く才能がある。

1177 The (**theme**) of this movie is love and peace.

この映画のテーマは愛と平和です。

valley 1178 [vǽli]	名 [谷]
vehicle 1179 [ví:əkl]	名 [乗り物、車]
version 1180 [və́:rʒən]	名 [版]
career 1181 [kəríər]	名 [経歴、職業]
carpenter 1182 [ká:rpəntər]	名 [大工]
victim 1183 [víktɪm]	名 [犠牲者]
eyesight 1184 [áɪsàɪt]	名 [視力]
vision 1185 [víʒən]	名 [視力]
exit 1186 [égzɪt]	名 [出口] 名 entrance 入り口
campground 1187 [kǽmpgràund]	名 [キャンプ場]
playground 1188 [pléɪgràund]	名 [運動場]

1178
The (**valley**) is surrounded by beautiful mountains.

その渓谷は美しい山々に囲まれている。

1179
Electric (**vehicles**) are getting universally popular.

電気自動車が全世界で人気になりつつある。

1180
I prefer the original story to this movie (**version**).

私はこの映画版よりも、原作のほうが好きだ。

1181
After graduating, he started his (**career**) as a journalist.

卒業後、彼は記者としての職業を始めた。

1182
My son's dream is to become a (**carpenter**) in the future.

私の息子の夢は、将来大工になることです。

1183
She is staying there to help the (**victims**) of the disaster.

彼女は災害の被災者を助けるために、そこにいます。

1184
He has excellent (**eyesight**) and needs no glasses.

彼は視力が優れていて、メガネは必要ありません。

1185
He is going to have surgery to recover his (**vision**).

彼は視力を取り戻すために、手術を受けることになっている。

1186
You will find the (**exit**) at the back of the building.

建物のうしろに出口が見つかりますよ。

1187
We had a good time fishing near the (**campground**).

私たちはキャンプ場の近くで、釣りをして楽しく過ごした。

1188
The (**playground**) was large enough to play baseball.

その運動場は野球をするのに十分な広さだった。

1189	**purse** [pə́:rs]	名 [財布] 名 wallet 財布
1190	**laptop** [lǽptà:p]	名 [ノートパソコン]
1191	**poet** [póuət]	名 [詩人] 名 poem 詩 名 poetry 詩歌
1192	**salary** [sǽləri]	名 [給料]
1193	**bacteria** [bæktíəriə]	名 [細菌 [バクテリア] (bacteriumの複数形)]
1194	**bay** [béɪ]	名 [湾]
1195	**bone** [bóun]	名 [骨]
1196	**brand** [brǽnd]	名 [銘柄]
1197	**cage** [kéɪdʒ]	名 [(動物を飼うための) おり]
1198	**campaign** [kæmpéɪn]	名 [宣伝、啓蒙活動 [キャンペーン]]
1199	**cancer** [kǽnsər]	名 [(病気の) がん]

1189
The boy bought a new (**purse**) for his mother's birthday.

その男の子は母の誕生日のために、新しい財布を買った。

1190
I bought my son a new (**laptop**) for online classes.

オンライン授業のために、息子に新しいノートパソコンを買ってやった。

1191
Shakespeare is considered the greatest (**poet**) in history.

シェイクスピアは、歴史上最も偉大な詩人だと考えられている。

1192
I'm thinking of switching jobs because my (**salary**) is low.

給料が安いから仕事を変えようかと思っているんだ。

1193
Not all (**bacteria**) are harmful to humans.

すべてのバクテリアが人間に対して有害であるわけではない。

1194
The (**bay**) was full of ships of various sizes.

その湾はいろいろな大きさの船でいっぱいだった。

1195
You should take more calcium to strengthen your (**bones**).

骨を強くするために、もっとカルシウムを取るべきだよ。

1196
That company is trying to establish its own (**brand**).

その会社は自社ブランドを創立しようとしている。

1197
The bird in the (**cage**) can say several human words.

かごの中の鳥は、人間の単語をいくつかしゃべれるんだよ。

1198
The police started a (**campaign**) to prevent accidents.

警察が事故を減らすためのキャンペーンを始めた。

1199
Smoking is said to be the main cause of lung (**cancer**).

喫煙は肺がんの主な原因だと言われている。

1200	**citizen** [sítəzn]	名 [市民、国民]
1201	**cough** [kɔ́(:)f]	名 [せき]
1202	**crime** [kráim]	名 [犯罪] 形 criminal 犯罪の 名 criminal 犯罪者
1203	**dinosaur** [dáinəsɔ̀:r]	名 [恐竜]
1204	**disaster** [dizǽstər]	名 [災害] 形 disastrous 災害の、悲惨な
1205	**edge** [édʒ]	名 [端、刃]
1206	**emotion** [imóuʃən]	名 [感情] 形 emotional 感情的な
1207	**enemy** [énəmi]	名 [敵] 名 friend 味方
1208	**fault** [fɔ́:lt]	名 [責任、欠点] 熟 find fault with~ ～のあら探しをする
1209	**fear** [fíər]	名 [恐怖] 形 fearful 恐ろしい 熟 for fear of~ ～を恐れて
1210	**fur** [fə́:r]	名 [毛皮]

1200

Every (**citizen**) has the right to lead a healthy life.

すべての市民は、健康に生活する権利を持っている。

1201

The doctor prescribed some medicine for my (**cough**).

医師が私のせきのための薬を処方してくれた。

1202

The local group is making an effort to reduce (**crimes**).

地元のグループが、犯罪を減らすために努力している。

1203

There are several theories about (**dinosaur**) extinction.

恐竜絶滅には、いくつかの説がある。

1204

We should always be prepared for natural (**disasters**).

私たちは常に、自然災害の準備をしておくべきだ。

1205

Be careful not to fall off the (**edge**) of the cliff.

崖の端から落ちないように気を付けなさい。

1206

He couldn't hide his (**emotion**) and began to cry.

彼は感情を隠すことができなくて、泣き始めた。

1207

The soldier felt the (**enemy**) approaching from nowhere.

その兵士は、どこからともなく敵が近づいてくるのを感じた。

1208

I love her even though I know she has some (**faults**).

いくつか欠点があるのはわかっているけれど、僕は彼女が大好きなんだ。

1209

The large noise made her tremble with (**fear**).

大きな音に、彼女は恐怖で震えた。

1210

That group is protesting against using animal (**fur**).

あのグループは、動物の毛皮を利用することに抗議している。

1211	**greeting** [grí:tɪŋ]	名 [あいさつ] 動 greet あいさつする
1212	**injury** [índʒəri]	名 [負傷] 動 injure けがをさせる
1213	**iron** [áɪərn]	名 [鉄]
1214	**laundry** [lɔ́:ndri]	名 [洗濯物] 熟 do the laundry 洗濯をする
1215	**leather** [léðər]	名 [皮革、革製品]
1216	**motorcycle** [móutərsàɪkl]	名 [オートバイ]
1217	**pan** [pǽn]	名 [(平たい) 鍋] 熟 frying pan フライパン
1218	**pattern** [pǽtərn]	名 [類型 [パターン]、模様]
1219	**phrase** [fréɪz]	名 [句]
1220	**rumor** [rú:mər]	名 [うわさ]
1221	**satellite** [sǽtəlàɪt]	名 [衛星]

1211 We exchange (**greeting**) cards several times a year.

私たちは年に数回、あいさつ状を交換しています。

1212 Follow the instructions to prevent serious (**injuries**).

大けがを防ぐために指示に従ってください。

1213 The thieves couldn't open the (**iron**) door of the shop.

泥棒たちはその店の鉄の扉を開けることができなかった。

1214 Hang the wet (**laundry**) out before you go to work.

仕事に行く前にぬれている洗濯物を外に干してください。

1215 This (**leather**) jacket will keep you warm in winter.

この革ジャンを着ると冬はあたたかいよ。

1216 (**Motorcycle**) riders are required to wear helmets.

オートバイに乗る人はヘルメットを着用することを要求されています。

1217 How did you cook the beef without using a (**pan**)?

鍋を使わずに、どうやって牛肉を調理したの？

1218 This weather (**pattern**) tells us that spring is approaching.

この天気のパターンは春が近づいていることを教えてくれている。

1219 He used a (**phrase**) from the Bible in his speech.

彼はスピーチで聖書の句を使った。

1220 That (**rumor**) is famous but is not worth believing.

そのうわさは有名だが信じるに値しない。

1221 There are many communication (**satellites**) flying over us.

我々の頭上には、たくさんの通信衛星が飛んでいる。

1222 **seed** [síːd]	名 [種子]
1223 **shock** [ʃáːk]	名 [衝撃]
1224 **shortage** [ʃɔ́ːrtɪdʒ]	名 [不足] 形 short 足りない、短い、背の低い 熟 run short of ~ ～が不足する
1225 **soil** [sɔ́ɪl]	名 [土]
1226 **solo** [sóʊloʊ]	名 [独奏]
1227 **square** [skwéər]	名 [正方形、広場] 形 [平方の]
1228 **volume** [váːljuːm]	名 [量、音量、体積]
1229 **voyage** [vɔ́ɪɪdʒ]	名 [航海]
1230 **wheel** [hwíːl]	名 [車輪]
1231 **crop** [kráːp]	名 [農作物]
1232 **container** [kəntéɪnər]	名 [容器] 動 contain 含む

1222
We need more (**seeds**) to increase the harvest.

収穫量を増やすには、もっとたくさん種が必要だ。

1223
She felt a slight (**shock**) when she touched the doorknob.

彼女はドアノブに触れたとき、わずかな衝撃を感じた。

1224
The water (**shortage**) is a serious problem in this region.

この地域では、水不足が深刻な問題なんです。

1225
The (**soil**) in this area is suitable for growing plants.

この地域の土壌は、植物を栽培するのに適している。

1226
She performed a beautiful (**solo**) on her guitar.

彼女はギターで美しい独奏曲を演奏した。

1227
The park has a beautiful (**square**).

その公園には美しい広場があります。

1228
The scientist measured the (**volume**) of the liquid.

科学者がその液体の体積を測定した。

1229
The sailors set out for the (**voyage**) across the Pacific.

船乗りたちが太平洋を横断する航海に出発した。

1230
A (**wheel**) on my bike broke and I had it fixed.

自転車の車輪が壊れたから修理してもらった。

1231
The farmers harvested this year's (**crop**) of wheat.

農家の人たちが、小麦の今年の作物を収穫した。

1232
There are some (**containers**) in the fridge to store food.

冷蔵庫には食品を蓄えるためのいくつかの容器がある。

1233	**relationship** [rɪléɪʃənʃɪp]	名 [関係] 名 relation 関係 熟 relate A to B AをBに関連づける
1234	**situation** [sɪtʃuéɪʃən]	名 [状況]
1235	**editor** [édətər]	名 [編集者] 動 edit 編集する
1236	**mayor** [méɪər]	名 [市長]
1237	**salesperson** [séɪlzpə̀ːrsn]	名 [営業担当者、販売員]
1238	**steel** [stíːl]	名 [鋼]
1239	**sled** [sléd]	名 [そり]
1240	**upside** [ʌ́psàɪd]	名 [上側] 熟 upside down 上下逆に 熟 inside out 表裏逆に
1241	**flood** [flʌ́d]	名 [洪水] 動 [水浸しにする]
1242	**site** [sáɪt]	名 [場所、(インターネット上の) サイト] 熟 camping site キャンプ場
1243	**viewer** [vjúːər]	名 [見る人] 動 view 眺める、見る 熟 view A as B AをBと見なす

228

The couple's (**relationship**) is full of consideration.

1233 その夫婦の関係性は、思いやりに満ちたものだ。

The judge handled the difficult (**situation**) with care.

1234 裁判官は注意深く、その困難な状況に対処した。

The (**editor**) checked the manuscript for errors.

1235 編集者が間違いがないか、その原稿を点検した。

The (**mayor**) himself came and greeted us politely.

1236 市長本人がやってきて、礼儀正しくあいさつしてくれた。

A (**salesperson**) approached me and offered assistance.

1237 販売員が近づいてきて、手伝いを申し出た。

The skyscraper was constructed with strong (**steel**).

1238 その高層ビルは強い鋼鉄で建設された。

The (**sled**) is equipped with brakes for safety.

1239 そのそりには、安全のためにブレーキがついている。

The (**upside**) of the tower was damaged by the typhoon.

1240 その塔の上部が台風の被害に遭った。

The heavy rain last night caused a (**flood**) in the village.

1241 昨夜の大雨が村に洪水をもたらした。

The camping (**site**) offers breakfast for free.

1242 そのキャンプ場は朝食を無料で提供している。

Her Internet channel has millions of (**viewers**).

1243 彼女のインターネットチャンネルには、数百万人の視聴者がいる。

1244	**agriculture** [ǽgrɪkÀltʃər]	名 [農業] 形 agricultural 農業の
1245	**alien** [éɪliən]	名 [宇宙人] 名 foreigner 外国人
1246	**cabin** [kǽbɪn]	名 [小屋]
1247	**dormitory** [dɔ́:rmətɔ̀:ri]	名 [寮]
1248	**makeup** [méɪkÀp]	名 [化粧]
1249	**navy** [néɪvi]	名 [海軍]
1250	**shellfish** [ʃélfɪʃ]	名 [貝]
1251	**souvenir** [sù:vəníər]	名 [みやげ]
1252	**statue** [stǽtʃu:]	名 [像] 名 the Statue of Liberty 自由の女神像
1253	**terminal** [tə́:rmənl]	名 [終点] 熟 terminal disease 末期の病
1254	**toothache** [tú:θèɪk]	名 [歯痛] 名 headache 頭痛 名 stomachache 胃痛

1244
Our (**agriculture**) is responsible for providing our food.

農業は我々の食糧を提供する責任がある。

1245
The movie features an (**alien**) invasion.

その映画は宇宙人の侵略を描いています。

1246
We will stay in a comfortable (**cabin**) over the weekend.

私たちは週末に、快適な小屋に泊まります。

1247
The university offers a (**dormitory**) at a low rent.

その大学は安い家賃で寮を提供している。

1248
Her daughter put on (**makeup**) while she was away.

彼女がいないあいだに、娘さんが化粧をした。

1249
He joined the (**navy**) after graduating from college.

彼は大学を卒業した後、海軍に参加した。

1250
This restaurant serves delicious (**shellfish**) dishes.

このレストランはおいしい貝料理を出す。

1251
He bought a cake as a (**souvenir**) for his parents.

彼は両親への土産として、ケーキを買った。

1252
The (**Statue**) of Liberty is a symbol of freedom.

自由の女神像は自由の象徴です。

1253
The airport (**terminal**) was filled with travelers.

空港ターミナルは旅行客でいっぱいだった。

1254
I couldn't sleep last night due to a severe (**toothache**).

私はひどい歯痛のせいで、昨夜眠れなかった。

1255	**trap** [trǽp]	名 [わな]
1256	**youth** [júːθ]	名 [若さ、若いとき、若い頃]
1257	**broadcast** [brɔ́ːdkæst]	名 [放送] 動 [放送する]
1258	**conservation** [kàːnsərvéɪʃən]	名 [保護] 動 conserve 保護する
1259	**flour** [fláʊər]	名 [小麦粉]
1260	**allergy** [ǽlərdʒi]	名 [アレルギー]
1261	**coupon** [kúːpɑːn]	名 [クーポン、割引券]
1262	**data** [déɪtə]	名 [データ (datumの複数形)]
1263	**frame** [fréɪm]	名 [枠、額縁]
1264	**gasoline** [gǽsəlìːn]	名 [ガソリン]
1265	**homeroom** [hóʊmrùːm]	名 [ホームルーム (の教室)]

1255
Hunters set (**traps**) in the forest to catch wild animals.

猟師たちは野生動物を捕まえるために、森にわなを設置した。

1256
During her (**youth**), she studied abroad for a year.

若かった頃、彼女は1年間留学をした。

1257
They will (**broadcast**) their live concert all over the world.

彼らはライブコンサートを世界中に放送するつもりだ。

1258
A group for wildlife (**conservation**) was established.

野生生物の保護団体が設立された。

1259
The bakery has decided to use high-quality (**flour**).

そのパン屋は高品質の小麦粉を使うことに決めた。

1260
The pollen in the air is the cause of her (**allergy**).

空気中の花粉が彼女のアレルギーの原因です。

1261
You can use this (**coupon**) to get a discount.

割引をしてもらうために、このクーポンを使えますよ。

1262
The scientists collected (**data**) from their experiments.

科学者たちが実験からデータを集めた。

1263
The photo in that (**frame**) was taken by my father.

あの額縁に入っている写真は、父が撮ったものです。

1264
The price of (**gasoline**) is increasing steadily these days.

ガソリンの価格が最近着実に上がっている。

1265
The students gather in their (**homeroom**) every morning.

学生たちは毎朝、ホームルームの教室に集合します。

1266	**performer** [pərfɔ́ːrmər]	名 [パフォーマー [演者]] 動 perform 演技をする、演奏する 名 performance 上演、演技
1267	**poem** [póuəm]	名 [ポエム [詩]] 名 poet 詩人 名 poetry 詩歌
1268	**pound** [páund]	名 [ポンド※重さの単位]
1269	**sunglasses** [sʌ́nglæsiz]	名 [サングラス]
1270	**teenager** [tíːnèidʒər]	名 [ティーンエイジャー※13歳から19歳までの少年少女]
1271	**estate** [istéit]	名 [財産] 熟 real estate 不動産
1272	**range** [réindʒ]	名 [範囲、幅]
1273	**unit** [júːnit]	名 [単位]
1274	**agent** [éidʒənt]	名 [代理人、代理店]
1275	**profit** [práːfət]	名 [利益] 名 interest 利益、利息、興味 動 interest 興味を抱かせる
1276	**property** [práːpərti]	名 [財産、所有物]

1266

The audience applauded the circus (**performer**).

観客はサーカス芸人に拍手を送った。

1267

Learn this (**poem**) by heart by next Friday.

今度の金曜日までに、この詩を暗記しなさい。

1268

She bought a (**pound**) of strawberries at the grocery.

彼女は食料品店で1ポンドのイチゴを買った。

1269

She was wearing her (**sunglasses**) to protect her eyes.

彼女は目を守るために、サングラスをかけていた。

1270

This video game is popular with (**teenagers**) now.

このテレビゲームは今、ティーンエイジャーのあいだで人気がある。

1271

She inherited a large (**estate**) from her wealthy parents.

彼女は裕福な両親から、莫大な財産を相続した。

1272

The store has a wide (**range**) of food products.

その店には幅広い食品がある。

1273

The "mile" is not used as a (**unit**) of measurement in Japan.

マイルは日本では測定単位として使われていません。

1274

We asked the real estate (**agent**) to look for an office.

私たちは不動産代理店に、事務所を探してくれと頼んだ。

1275

They are trying to generate as much (**profit**) as possible.

彼らはできる限り、たくさんの利益を生み出そうとしている。

1276

He inherited a large (**property**) from his grandparents.

彼は祖父母から莫大な財産を相続した。

1277	**shelter** [ʃéltər]	名 [避難所] 熟 take shelter 避難する
1278	**assignment** [əsáınmənt]	名 [宿題、割り当て] 動 assign 割り当てる
1279	**atmosphere** [ǽtməsfìər]	名 [雰囲気、大気]
1280	**emergency** [ımə́:rdʒənsi]	名 [緊急事態]
1281	**fossil** [fá:sl]	名 [化石] 熟 fossil fuel 化石燃料
1282	**conference** [ká:nfərəns]	名 [会議]
1283	**ladder** [lǽdər]	名 [はしご]
1284	**individual** [ìndəvídʒuəl]	名 [個人] 形 [個々の]
1285	**feature** [fí:tʃər]	名 [特徴] 名 characteristic 特徴 形 characteristic 特徴的な
1286	**honor** [á:nər]	名 [名誉] 形 honorable 立派な 熟 in honor of ~ ~に敬意を表して
1287	**intention** [ınténʃən]	名 [意図] 熟 intend to ~ ~するつもりである

236

1277 The hikers took (shelter) when it began to rain suddenly.

突然雨が降り始めたとき、ハイカーたちは避難した。

1278 We were given a lot of (assignments) today.

今日は宿題がたくさん出た。

1279 The concert hall had a lively (atmosphere).

コンサートホールは、生き生きした雰囲気だった。

1280 Press this button and contact us in case of (emergency).

緊急事態の場合には、このボタンを押して我々に連絡してください。

1281 The (fossil) he discovered turned out to be from a mammoth.

彼が発見した化石は、マンモスのものだと判明した。

1282 She attended an online (conference) from her room.

彼女は自分の部屋からオンライン会議に参加した。

1283 The firefighter climbed up the (ladder) to rescue me.

消防士が私を助けるために、はしごを登ってきてくれた。

1284 The freedom of every (individual) should be respected.

すべての個人の自由が尊重されるべきである。

1285 The main (feature) of this laptop is its long battery life.

このノートパソコンの主な特徴は、バッテリーが長持ちすることです。

1286 It was a great (honor) to be invited to the royal wedding.

王室の結婚式に招待されたのは大きな名誉だった。

1287 It was clear that he had the (intention) of deceiving me.

彼に私をだます意図があるのは明らかだった。

progress 1288 [prɑ́:gres]	名 [進歩、前進] 動 [進歩する、前進する] 熟 make progress 進歩する	
opportunity 1289 [à:pər(j)tú:nəti]	名 [機会]	
manufacture 1290 [mæ̀njəfǽktʃər]	名 [製造] 動 [製造する] 名 manufacturer 製造業者	
instance 1291 [ínstəns]	名 [例] 動 example 例 熟 for instance 例えば	
competition 1292 [kà:mpətíʃən]	名 [競争] 動 compete 競争する	
material 1293 [mətíəriəl]	名 [原料、物質、資料]	
audience 1294 [ɔ́:diəns]	名 [聴衆、観客] 名 spectator 観客	
equipment 1295 [ɪkwípmənt]	名 [設備、装置] 熟 equip A with B AにBを備え付ける	
exhibition 1296 [èksəbíʃən]	名 [展覧会] 動 exhibit 見せる、展示する	
organization 1297 [ɔ̀:rgənəzéɪʃən]	名 [組織] 動 organize 組織する、準備する	
trend 1298 [trénd]	名 [流行、傾向]	

1288

She made great (**progress**) with her English-speaking ability.

彼女は英語を話す力が大いに進歩した。

1289

I'm looking forward to the (**opportunity**) to see him again.

私はまた彼と会える機会を楽しみにしています。

1290

The company (**manufactures**) high-quality furniture.

その会社は高品質の家具を製造している。

1291

Give me an (**instance**) of what you call "sincerity".

あなたが「誠実さ」と呼ぶものの例を挙げてください。

1292

She won the first prize in the swimming (**competition**).

彼女は競泳で1等賞を勝ち取った。

1293

This bag is made of high-quality (**materials**).

このかばんは、高品質の材料でできています。

1294

He finished his performance and bowed to the (**audience**).

彼は演奏を終えて、観客にお辞儀をした。

1295

Special (**equipment**) is needed to conduct the experiment.

その実験を行うには、特別な装置が必要です。

1296

She was fascinated by the pictures at the (**exhibition**).

彼女はその展覧会の絵に魅了された。

1297

The charity (**organization**) helps anyone in need.

その慈善団体は、困っている人なら誰でも助ける。

1298

The (**trend**) in fashion is going to bright colors this year.

今年のファッションの傾向は明るい色だ。

1299	**plain** [pléɪn]	形 [あっさりした味の、明白な]
1300	**polite** [pəláɪt]	形 [礼儀正しい] 形 impolite 失礼な
1301	**rare** [réər]	形 [まれな] 副 rarely めったに〜ない
1302	**narrow** [nǽrou]	形 [狭い] 形 shallow 浅い
1303	**wide** [wáɪd]	形 [広い] 名 width 幅、広さ
1304	**strict** [stríkt]	形 [厳しい] 熟 strictly speaking 厳密に言うと
1305	**alive** [əláɪv]	形 [生きている]
1306	**vivid** [vívɪd]	形 [生き生きとした、鮮やかな] 副 vividly 鮮やかに
1307	**general** [dʒénərəl]	形 [一般的な] 副 generally 一般的に、全体的に 熟 in general 一般的に
1308	**particular** [pərtíkjələr]	形 [特定の、特別の] 熟 in particular 特に 熟 be particular about~ 〜について好みがうるさい
1309	**underground** [ʌ́ndərgràund]	形 [地下の]

単語編

A

B

ランク
C

形容詞・副詞など

1299

I recommend this novel as it is written in (plain) English.

わかりやすい英語で書かれているので、この小説をお勧めします。

1300

You should be (polite) and respectful to others.

他人には礼儀正しくし、敬意を払うべきである。

1301

It is (rare) to see three rainbows at a time.

同時に3つの虹を見るのは稀なことだ。

1302

This (narrow) path leads to a famous tourist site.

この狭い小道は、有名な観光スポットに通じている。

1303

The river is (wide) and deep enough to swim in.

その川は泳ぐのに十分な幅と深さがある。

1304

My parents were (strict) with me when I was a child.

私が子どもだった頃、両親は私に厳しかった。

1305

I feel (alive) when I dance freely to music.

音楽に合わせて自由に踊っていると、生き生きとした気分になるんです。

1306

She had a (vivid) dream as if it had been reality.

彼女は、まるで現実かと思うような鮮やかな夢を見た。

1307

They should pay more attention to (general) opinions.

彼らは一般の意見にもっと注意を払うべきである。

1308

I have a (particular) interest in astronomy.

私は天文学に特別な興味を持っています。

1309

They offer a tour to explore an (underground) cave.

彼らは、地下の洞窟を探検するツアーを提供している。

1310	**positive** [pá:zətɪv]	形 [前向きな]
1311	**negative** [négətɪv]	形 [否定的な]
1312	**brave** [bréɪv]	形 [勇敢な]
1313	**clever** [klévər]	形 [利口な]
1314	**blind** [bláɪnd]	形 [目の見えない]
1315	**double** [dʌ́bl]	形 [2倍の]
1316	**hopeful** [hóupfl]	形 [希望に満ちた] 形 hopeless 希望のない
1317	**independent** [ìndɪpéndənt]	形 [独立した] 名 independence 独立 熟 be independent of~ ～から独立している
1318	**responsible** [rɪspá:nsəbl]	形 [責任がある] 名 responsibility 責任 熟 be responsible for~ ～に対して責任がある
1319	**takeout** [téɪkàut]	形 [持ち帰り用の]
1320	**intelligent** [ɪntélɪdʒənt]	形 [聡明な] 名 intelligence 知能

She always takes a (**positive**) attitude toward her life.

1310 彼女は人生に対して、いつも前向きな態度をとっている。

We received (**negative**) feedback for our new products.

1311 我が社は新製品に対する否定的な反応を受けた。

The (**brave**) firefighter entered the burning building.

1312 勇敢な消防士が、燃えている建物に入っていった。

She came up with a (**clever**) solution to the problem.

1313 彼女はその問題に対する賢い解決策を思いついた。

The (**blind**) pianist received applause on the stage.

1314 目に見えないピアニストが、舞台上で喝采を受けた。

The recipe calls for a (**double**) dose of sugar.

1315 そのレシピでは砂糖を2倍にします。

You should be (**hopeful**) even in a desperate situation.

1316 たとえ絶望的な状況でも、希望を持つべきだ。

It is time for you to be (**independent**) of your parents.

1317 あなたは両親から独立してもいい頃ですよ。

Teachers are (**responsible**) for their students' safety.

1318 教師は生徒の安全に責任がある。

I will order a (**takeout**) pizza for dinner tonight.

1319 今夜は、夕食に持ち帰り用のピザを注文します。

Everyone likes the (**intelligent**) design of the smartphone.

1320 みんなそのスマホの知的なデザインが気に入っている。

単語編

A

B

ランク
C

形容詞・副詞など

□ 1321	**lazy** [léizi]	形 [怠惰な] 名 laziness 怠惰
□ 1322	**mysterious** [mɪstíəriəs]	形 [神秘的な] 名 mystery 謎
□ 1323	**tight** [táɪt]	形 [きつい]
□ 1324	**ideal** [aɪdíːəl]	形 [理想的な]
□ 1325	**inexpensive** [ìnɪkspénsɪv]	形 [安い] 形 cheap 安い、安価な 形 expensive 高い、高価な
□ 1326	**pale** [péɪl]	形 [青白い、青ざめた]
□ 1327	**physical** [fízɪkl]	形 [身体の、物理的な] 形 mental 精神的な 形 spiritual 精神的な
□ 1328	**stressful** [strésfl]	形 [ストレスの多い] 名 stress ストレス
□ 1329	**rapid** [ræpɪd]	形 [速い]
□ 1330	**rough** [rʌf]	形 [粗い]
□ 1331	**tiny** [táɪni]	形 [とても小さい] 形 huge 巨大な、莫大な

1321

My dog is (**lazy**) and spends most of the day sleeping.

うちの犬は怠惰で、日中のほとんどを寝て過ごしている。

1322

I received a (**mysterious**) letter with no return address.

返信用住所の書いていない謎の手紙を受け取ったんです。

1323

The team has a (**tight**) training schedule this season.

そのチームには、今シーズンきつい訓練スケジュールがある。

1324

The couple had an (**ideal**) vacation on a tropical island.

その夫婦は熱帯の島で、理想的な休暇を過ごした。

1325

She found an (**inexpensive**) dress at an online store.

彼女はオンラインストアで安いドレスを見つけた。

1326

He looks (**pale**) after staying up all night studying.

彼は徹夜で勉強した後なので、顔色が悪い。

1327

Regular exercise is important for your (**physical**) health.

定期的に運動することが肉体的健康には重要です。

1328

Everyone is doing their best in this (**stressful**) urban life.

みんなこのストレスだらけの都会生活の中で、全力を尽くしてるんだ。

1329

She made (**rapid**) progress with her language learning.

彼女は言語習得において、急速な進歩を遂げた。

1330

The (**rough**) surface of the road made driving risky.

その道路の粗い表面のせいで、運転は危険だった。

1331

She has a (**tiny**) apartment in the center of the city.

彼女は市の中心地に、ちっぽけなアパートを持っている。

1332	**Arctic** [á:rktɪk]	形 [北極の] 形 Antarctic 南極の
1333	**concrete** [káːnkriːt]	形 [具体的な] 形 abstract 抽象的な
1334	**elderly** [éldərli]	形 [年配の] 形 elder (家族内で) 年上の
1335	**secondhand** [sékəndhænd]	形 [中古の] 形 used 中古の
1336	**thankful** [θǽŋkfl]	形 [感謝している]
1337	**violent** [váɪələnt]	形 [激しい、暴力的な] 名 violence 暴力、激しさ
1338	**downstairs** [dáʊnstéərz]	副 [階下へ] 副 upstairs 階上へ
1339	**apart** [əpá:rt]	副 [離れて] 熟 apart from~ ~は別として
1340	**everywhere** [évrihwèər]	副 [どこでも]
1341	**otherwise** [ʌ́ðərwàɪz]	副 [そうでなければ]
1342	**sadly** [sǽdli]	副 [悲しんで] 形 sad 悲しい

1332

Polar bears are commonly found in the (**Arctic**) region.

ホッキョクグマは北極地方で普通に見つかります。

1333

Would you give me (**concrete**) examples of your view?

あなたの見解の具体的な例を挙げてもらえませんか？

1334

The (**elderly**) couple enjoys their retirement abroad.

その年配の夫婦は、海外で引退生活を楽しんでいる。

1335

He could barely afford to buy that (**secondhand**) car.

彼はかろうじて、その中古車を買う余裕があった。

1336

I'm (**thankful**) for everyone's kind words and support.

皆さんの親切なお言葉と応援に感謝しています。

1337

No one could expect the (**violent**) storm last night.

誰も昨夜の激しい嵐を予期できなかった。

1338

The boy was called by his mother and went (**downstairs**).

男の子は母親に呼ばれて、下の階へ降りていった。

1339

He keeps his personal life and work completely (**apart**).

彼は、個人的な生活と仕事を完全に切り離している。

1340

Recently, smoking is prohibited (**everywhere**).

最近、喫煙はどこでも禁止されている。

1341

She is honest; (**otherwise**) I wouldn't have hired her.

彼女は正直です。そうでなければ、私は彼女を雇わなかったでしょう。

1342

The match ended (**sadly**) with my favorite team's defeat.

その試合は、私のお気に入りのチームの敗北という残念な結果に終わった。

1343	**shortly** [ʃɔ́:rtli]	副 [間もなく]
1344	**besides** [bɪsáɪdz]	副 [そのうえ] 前 besides ～に加えて 熟 in addition そのうえ
1345	**surely** [ʃúərli]	副 [たしかに] 形 sure たしかな
1346	**quietly** [kwáɪətli]	副 [静かに] 形 quiet 静かな
1347	**silently** [sáɪləntli]	副 [黙って] 名 silence 静寂
1348	**properly** [prá:pərli]	副 [きちんと] 形 proper 正しい、適切な
1349	**aboard** [əbɔ́:rd]	副 [(船や飛行機などに) 乗って]
1350	**eventually** [ɪvéntʃuəli]	副 [結局は]
1351	**healthily** [hélθəli]	副 [健康で] 名 health 健康、健康状態　形 healthy 健康な 形 healthful 健康な
1352	**nicely** [náɪsli]	副 [上手に]
1353	**secretly** [síːkrətli]	副 [こっそりと] 名 secret 秘密、秘訣 形 secret 秘密の

1343

She arrived (**shortly**) after the train left the station.

彼女は、電車が駅を出発して間もなく到着した。

1344

He works hard; (**besides**), he's honest.

彼は努力家です。そのうえ、誠実です。

1345

I will (**surely**) hand in my report by the deadline.

私はきっと締め切りまでにレポートを提出します。

1346

The baby was sleeping (**quietly**) in her mother's arms.

赤ちゃんが母親の腕の中で静かに眠っていた。

1347

The children listened (**silently**) while their teacher talked.

先生が話しているあいだ、子どもたちは黙って聞いていた。

1348

You should dress (**properly**) for the party tonight.

今夜のパーティーでは、きちんとした身なりをするべきですよ。

1349

We were excited when we got (**aboard**) the plane.

私たちは飛行機に搭乗するとき、わくわくしていた。

1350

She had a hard time, but (**eventually**) achieved her goal.

彼女は辛い時を過ごしたが、ついに目標を達成した。

1351

I'm trying to eat (**healthily**) by consuming more vegetables.

僕はもっと野菜を摂取することで、健康的な食事を心がけています。

1352

She is good at handling complaints from guests (**nicely**).

彼女はお客様からのクレームをうまく扱うのが得意だ。

1353

We (**secretly**) planned a surprise party for her birthday.

私たちは彼女の誕生日に、密かにサプライズパーティーを計画した。

1354	**upstairs** [ʌ́pstéərz]	副 [上の階へ、2階へ] 反 downstairs 階下に
1355	**overnight** [óuvərnáit]	副 [一晩中、夜通し、夜のうちに]
1356	**poorly** [púərli]	副 [下手に、まずく] 形 poor 貧しい、乏しい、下手な
1357	**strongly** [strɔ́(:)ŋli]	副 [強く] 形 strong 強い
1358	**despite** [dispáit]	前 [~にもかかわらず] 熟 in spite of~ ~にもかかわらず
1359	**whatever** [hwʌtévər]	代 [~するものは何でも、何を[が]~しようとも]
1360	**whoever** [hu(:)évər]	代 [~する人は誰でも、誰が~しようとも]
1361	**aerobic** [eəróubik]	形 [エアロビクスの]
1362	**so-called** [sóukɔ́:ld]	形 [いわゆる] 熟 what is called~ いわゆる~ 熟 what we[they]call ~ いわゆる~
1363	**firm** [fə́:rm]	形 [硬い、しっかりした]　名 [会社]
1364	**prompt** [prá:mpt]	形 [迅速な]

She went (**upstairs**) to tidy up her laundry.

1354 彼女は洗濯物を片付けるために2階に行った。

The package will arrive at your doorstep (**overnight**).

1355 荷物は、一晩であなたの玄関先に着くでしょう。

The (**poorly**) constructed bridge collapsed in a month.

1356 ぞんざいに建設された橋が、1ヶ月で崩壊した。

He (**strongly**) believes in the power of politics.

1357 彼は政治の力を強く信じている。

(**Despite**) her poor health, she continued her work.

1358 健康状態が悪いにもかかわらず、彼女は仕事を続けた。

You can wear (**whatever**) you like to the party.

1359 パーティーには好きなものを、なんでも着てきていいですよ。

We will welcome (**whoever**) wants to join us.

1360 我々に参加したい人は、誰でも歓迎しますよ。

(**Aerobic**) exercise is recommended for your health.

1361 健康のためにはエアロビクスの運動がおすすめです。

He insists on having a (**so-called**) miracle power.

1362 彼は、いわゆる奇跡の力を持っていると主張している。

She has the (**firm**) belief in the power of education.

1363 彼女は教育の力を固く信じている。

You should give a (**prompt**) response to your teacher.

1364 先生には、即座に返事をするべきだよ。

単語編

A

B

ランク
C

形容詞・副詞など

1365	**crucial** [krúːʃəl]	形 [極めて重要な、決定的な]
1366	**immediately** [ɪmíːdiətli]	副 [今すぐに、ただちに] 熟 at once 今すぐに　熟 right now 今すぐに 熟 right away 今すぐに
1367	**sufficient** [səfíʃənt]	形 [十分な、足りる]
1368	**efficient** [ɪfíʃənt]	形 [能率的な、効率の良い]
1369	**prior** [práɪər]	形 [(順序が) 前の、優先の] 名 priority 優先、優先権 熟 be prior to~ ~よりも前に、~より優先的に
1370	**conscious** [káːnʃəs]	形 [意識している、意識のある] 名 consciousness 意識 熟 be conscious of~ ~を意識している
1371	**eager** [íːgər]	形 [熱心な] 熟 be eager to~ ~することを切望している
1372	**equivalent** [ɪkwívələnt]	形 [匹敵する、同等な] 熟 be equivalent to~ ~に匹敵する
1373	**jealous** [dʒéləs]	形 [妬んでいる、焼きもちを焼いている] 熟 be jealous of~ ~を妬んでいる
1374	**sensitive** [sénsətɪv]	形 [敏感な]
1375	**sensible** [sénsəbl]	形 [分別のある、賢い]

252

1365 It is (**crucial**) to strictly follow traffic rules when driving.

運転のときは、交通ルールを厳密に守ることが極めて重要だ。

1366 Please hand in the necessary documents (**immediately**).

今すぐ必要な書類を提出してください。

1367 Do they have (**sufficient**) food in the disaster area?

被災地には十分な食料があるんですか？

1368 The public transportation here is (**efficient**) and reliable.

ここの公共交通機関は、効率的で頼りになる。

1369 She had to decline the offer due to the (**prior**) one.

彼女は先のオファーのために、そのオファーを断らなければならなかった。

1370 She is always too (**conscious**) of her appearance.

彼女はいつも自分の外見を意識しすぎなんだ。

1371 My daughter was (**eager**) to open her Christmas presents.

うちの娘は、クリスマスプレゼントを開けることを熱望していた。

1372 One mile is approximately (**equivalent**) to 1.6 kilometers.

1マイルはだいたい1.6キロメートルに相当します。

1373 She was (**jealous**) of her friend's success and victory.

彼女は友人の成功と勝利を妬んでいた。

1374 The novelist is too (**sensitive**) to reviews on the Internet.

その小説家はネットのレビューに敏感すぎるんだ。

1375 He made a (**sensible**) decision to save money for his son.

彼は息子のために、お金を貯めるという分別のある決断をした。

1376	**wise** [wáɪz]	形 [分別のある、賢い] 名 wisdom 知恵、分別
1377	**worthy** [wə́:rði]	形 [価値のある] 熟 be worthy of~ ～の価値がある
1378	**typical** [típɪkəl]	形 [典型的な]
1379	**similar** [símələr]	形 [よく似た] 名 similarity 類似点、類似性 熟 be similar to~ ～に似ている
1380	**unusual** [ʌnjúːʒuəl]	形 [普通でない] 形 usual 普通の、いつもの
1381	**recent** [ríːsnt]	形 [最近の] 副 recently 最近
1382	**ancient** [éɪnʃənt]	形 [古代の]
1383	**available** [əvéɪləbl]	形 [利用できる、入手できる]
1384	**actually** [ǽktʃuəli]	形 [じつは] 形 actual 実際の
1385	**unfortunately** [ʌnfɔ́ːrtʃənətli]	副 [不運にも、残念ながら]
1386	**fortunately** [fɔ́ːrtʃənətli]	副 [幸運にも]

1376

It was (**wise**) of her to save money for the unexpected.

彼女が予期せぬ事態のために、お金を貯めているのは分別のあることだ。

1377

His brave action was (**worthy**) of praise and recognition.

彼の勇敢な行動は、称賛と評価に値するものだった。

1378

Sushi is a (**typical**) example of a Japanese traditional dish.

寿司は日本の伝統料理の典型的な例です。

1379

They have (**similar**) opinions about world peace.

彼らは世界平和について、よく似た意見を持っている。

1380

It is (**unusual**) to see snow in this region in summer.

夏にこの地域で雪を見るのは異常なことだ。

1381

The (**recent**) study shows the importance of exercise.

最近の研究が運動の重要性を示している。

1382

She studies (**ancient**) Egyptian history at college.

彼女は大学でエジプトの古代史を研究している。

1383

A new model of smartphone will be (**available**) soon.

新型のスマートフォンが間もなく手に入ります。

1384

I thought he was Korean but, (**actually**), he is Japanese.

僕は彼が韓国人だと思ったが、実際には日本人だ。

1385

(**Unfortunately**), I missed the last bus and had to walk.

残念ながら、私は最終バスを逃して歩かなければならなかった。

1386

(**Fortunately**), she found her lost wallet in the garage.

運良く、彼女はなくしていた財布をガレージで見つけた。

1387	**except** [ɪksépt]	前 [〜を除いて] 名 exception 例外 形 exceptional 例外的な
1388	**brief** [brí:f]	形 [短い]
1389	**hence** [héns]	副 [それゆえに、だから] 副 therefore それゆえに、だから
1390	**namely** [néɪmli]	副 [つまり、すなわち] 熟 that is (to say) つまり、すなわち
1391	**preparatory** [prɪpǽrətɔ̀:ri]	形 [準備の] 名 preparation 準備 熟 prepare for~ 〜の準備をする
1392	**eternally** [ɪtə́:rnəli]	副 [永遠に] 名 eternity 永遠
1393	**seemingly** [sí:mɪŋli]	副 [一見したところ] 熟 seem to~ 〜するようである
1394	**sincerely** [sɪnsíərli]	副 [誠実に] 熟 Sincerely yours. (手紙の最後に) 敬具
1395	**pleasant** [pléznt]	形 [楽しい、好ましい] 動 please 楽しませる 副 pleasantly 楽しく、楽しそうに
1396	**exhausted** [ɪgzɔ́:stɪd]	形 [疲れ果てている] 動 exhaust 使い果たす、疲れさせる
1397	**legal** [lí:gl]	形 [法律の、合法的な] 名 law 法律、法則

1387 I like all kinds of fruit (**except**) durians.

私はドリアン以外すべての果物が好きです。

1388 The homework is to write a (**brief**) summary of a book.

宿題は本の短い要約を作ることです。

1389 The bus didn't come, and (**hence**), we had to walk home.

バスが来なかった、だから家まで歩かなければならなかった。

1390 He has some hobbies, (**namely**) cooking and painting.

彼にはいくつか趣味がある、つまり料理と絵を描くことだ。

1391 He was busy doing (**preparatory**) research.

彼は予備調査をするのに忙しい。

1392 Their love for each other will last (**eternally**).

彼らのお互いに対する愛情は永遠に続くだろう。

1393 She was (**seemingly**) calm but was actually angry inside.

彼女は見たところ落ち着いていたが、実際には腹の中では怒っていた。

1394 You should (**sincerely**) apologize to him.

君は誠実に彼に謝るべきだよ。

1395 The music at the concert created a (**pleasant**) atmosphere.

コンサートの音楽は楽しい雰囲気を作り出した。

1396 After working long hours, she felt (**exhausted**).

長時間働いた後、彼女は疲れ果てた気がした。

1397 The (**legal**) system plays an important role in living safely.

法制度は安全に生活することにおいて、重要な役割を果たしている。

illegal 1398 [ɪlíːgl]	形 [違法な]
spiritual 1399 [spírɪtʃuəl]	形 [精神的な]
frightened 1400 [fráɪtnd]	形 [おびえている]
awful 1401 [ɔ́ːfl]	形 [恐ろしい、ひどい]
allergic 1402 [ələ́ːrdʒɪk]	形 [アレルギーの]
consequently 1403 [káːnsəkwèntli]	副 [その結果、結果的に] 名 consequence 結果 熟 in consequence その結果、結果的に
meanwhile 1404 [míːnhwàɪl]	副 [そのあいだに]
gradually 1405 [grǽdʒuəli]	副 [だんだん、徐々に] 形 gradual 徐々の
increasingly 1406 [ɪnkríːsɪŋli]	副 [だんだん、ますます] 動 increase 増加する
particularly 1407 [pərtíkjələrli]	副 [特に、とりわけ] 形 particular 特別な、特にその 熟 in particular 特に、とりわけ
slightly 1408 [sláɪtli]	副 [わずかに] 形 slight わずかな

単語編

A

B

ランク
C

形容詞・副詞など

1398

It is (**illegal**) to park your car in front of the fire station.

消防署の前に車を止めることは違法です。

1399

The temple is important for local people's (**spiritual**) health.

そのお寺は、地元の人々の精神の健康のために重要だ。

1400

She was (**frightened**) at the sight of the snake.

彼女は蛇を見て怖がった。

1401

The weather was (**awful**), with heavy rain and strong wind.

雨が激しく風が強くて、天気はひどかった。

1402

He avoids eating crabs because he is (**allergic**) to them.

彼はカニアレルギーなので、カニを食べないようにしている。

1403

She tried her best and (**consequently**) passed the exam.

彼女は最善を尽くして、その結果試験に合格した。

1404

I'll prepare the report; (**meanwhile**), can you gather data?

私はレポートの準備をします。そのあいだに、データを集めていただけますか？

1405

The profits of his business are (**gradually**) increasing.

彼の商売の利益がだんだん増加している。

1406

The population of our city has been (**increasingly**) growing.

私たちの街の人口が、ますます増えてきている。

1407

She loves all animals, (**especially**) those from Africa.

彼女はすべての動物、特にアフリカの動物が好きだ。

1408

He is (**slightly**) taller than his father.

彼はわずかに父親よりも背が高い。

1409	**Antarctic** [æntάːrktɪk]	形 [南極の] 形 Arctic 北極の
1410	**missing** [mísɪŋ]	形 [行方不明の]
1411	**necessarily** [nèsəsérəli]	副 [必ず、必然的に] 形 necessary 必要な 名 necessity 必要性
1412	**underwater** [ʌndərwɔ́ːtər]	形 [水中の]　副 [水中で]
1413	**global** [glóʊbl]	形 [地球上の] 名 globe 地球、天体
1414	**convenient** [kənvíːnjənt]	形 [便利な、都合の良い] 名 convenience 便利
1415	**inconvenient** [ìnkənvíːnjənt]	形 [不便な]
1416	**commercial** [kəmə́ːrʃəl]	形 [商業の] 名 commerce 商業 熟 commercial message コマーシャル
1417	**therefore** [ðéərfɔ̀ːr]	副 [それゆえに、その結果]
1418	**nevertheless** [nèvərðəlés]	副 [それでもやはり]
1419	**nonetheless** [nʌnðəlés]	副 [それでもやはり]

1409

Penguins are found mainly on the (**Antarctic**) continent.

ペンギンは主に南極大陸で見つかる。

1410

The (**missing**) child was found safe and brought back.

行方不明の子どもが無事に見つかって、連れ戻された。

1411

Getting older doesn't (**necessarily**) mean getting wiser.

年を取ることは、必ずしも賢くなることを意味しない。

1412

We will go diving to enjoy marine species (**underwater**).

私たちは水中の海洋生物を楽しむために、ダイビングに出かける。

1413

(**Global**) warming is a serious problem in this century.

地球温暖化は、今世紀における深刻な問題だ。

1414

Is it (**convenient**) for you to meet at the gate at five?

5 時に門のところで待ち合わせるのはあなたにとって都合が良い？

1415

I can't stand this (**inconvenient**) situation anymore.

私はこの不便な状況にこれ以上我慢することができない。

1416

That company is using a clever (**commercial**) strategy.

あの会社は賢い商業戦略を利用している。

1417

He studied hard and (**therefore**) passed the exam.

彼は一生懸命勉強した、その結果、試験に合格した。

1418

He was exhausted; (**nevertheless**) he went on working.

彼は疲れきっていたが、それでも働き続けた。

1419

The weather was bad but they departed (**nonetheless**).

天気が悪かったが、それでもやはり彼らは出発した。

1420	**carry out**	熟 [～を実行する]
1421	**catch up with**	熟 [～に追いつく] 熟 keep up with~ ～に遅れずついていく
1422	**change one's mind**	熟 [心変わりする]
1423	**just around the corner**	熟 [すぐそこの角に、間近に]
1424	**every other day**	熟 [1 日おきに] 熟 every two days 1 日おきに
1425	**eat out**	熟 [外食する]
1426	**for fun**	熟 [楽しみに]
1427	**get around**	熟 [～をあちらこちらに移動する]
1428	**get away from**	熟 [～から離れる]
1429	**get over**	熟 [～を克服する]
1430	**get rid of**	熟 [～を取り除く] 動 remove 取り除く

1420

The researchers (**carried out**) a series of experiments.

研究者たちが一連の実験を行った。

1421

I ran as fast as possible to (**catch up with**) my friends.

友達に追いつくために、できるだけ速く走った。

1422

She (**changed her mind**) and declined his proposal.

彼女は心変わりして、彼のプロポーズを断った。

1423

Their wedding day is (**just around the corner**).

彼らの結婚式の日がすぐそこまで迫っている。

1424

She jogs (**every other day**) to maintain her health.

彼女は健康を維持するために、1日おきにジョギングをしている。

1425

He would often (**eat out**) at gorgeous restaurants.

彼はよく豪華なレストランで外食をしていた。

1426

He plays video games (**for fun**) and relaxation.

彼は楽しみとくつろぎを求めて、テレビゲームをするんです。

1427

We (**got around**) the sightseeing spots with a map.

私たちは地図を使って、観光スポットを歩き回った。

1428

She decided to (**get away from**) the noisy city.

彼女は騒がしい都会から離れることにした。

1429

You will soon (**get over**) the sad experience.

君は間もなく、その悲しい経験を克服するよ。

1430

She was trying to (**get rid of**) her bad habits.

彼女は悪い習慣を取り除こうとしていた。

1431	**give in**	熟 [降参する、〜を提出する] 動 surrender 降参する 熟 give up 降参する
1432	**give out**	熟 [〜を配る]
1433	**go through**	熟 [〜を経験する] 動 experience 経験する 名 experience 経験
1434	**hand in**	熟 [〜を提出する] 動 submit 提出する
1435	**hand in hand**	熟 [協力して]
1436	**have trouble with**	熟 [〜で苦労する]
1437	**head for**	熟 [〜に向かう]
1438	**keep on -ing**	熟 [〜し続ける] 熟 continue to~ [-ing] 〜し続ける 熟 go on -ing 〜し続ける
1439	**keep up with**	熟 [〜に (遅れないで) ついていく] 熟 catch up with~ 〜に追いつく
1440	**leave ~ alone**	熟 [〜をそのままにしておく]
1441	**leave ~ behind**	熟 [〜を置き忘れる]

1431

At last he (**gave in**) to his friend's persuasion.

とうとう彼は友人の説得に折れた。

1432

They (**give out**) free food and water to the homeless.

彼らはホームレスに無料の食料と水を配布している。

1433

Firefighters have to (**go through**) tough training.

消防士は厳しい訓練を受けなければならない。

1434

(**Hand in**) your report by the end of this week.

今週末までに報告書を提出しなさい。

1435

It is more efficient for you to work (**hand in hand**).

協力して仕事をしたほうが能率的だよ。

1436

She (**had trouble with**) her neighbor playing loud music.

彼女は大音量の音楽をかける隣人に困っていた。

1437

The team (**headed for**) victory in the last minute.

そのチームは最後の1分で勝利の方へ向かった。

1438

She (**kept on pursuing**) her dream despite the difficulties.

困難にもかかわらず、彼女は夢を追い続けた。

1439

You should read news to (**keep up with**) the times.

時勢に遅れずついていくために、ニュースを読むべきだ。

1440

Please (**leave**) my baby (**alone**) while he is sleeping.

眠っているあいだ、赤ちゃんを放っておいてください。

1441

He foolishly (**left**) his passport (**behind**) at the hotel.

彼は愚かにも、パスポートをホテルに置き忘れた。

1442	**lose one's way**	熟 [道に迷う]
1443	**at the moment**	熟 [今のところ]
1444	**for a moment**	熟 [ちょっとのあいだ]
1445	**at (the) most**	熟 [せいぜい、多くても]
1446	**from now on**	熟 [今後] 熟 from then on そのとき以来ずっと
1447	**now and then**	熟 [時々] 副 sometimes ときどき 熟 from time to time ときどき
1448	**now that**	熟 [今はもう〜なので]
1449	**on and off**	熟 [断続的に]
1450	**one by one**	熟 [一つ (一人) ずつ]
1451	**out of order**	熟 [故障して]
1452	**over and over**	熟 [何度も、繰り返し] 副 repeatedly 何度も、繰り返し

熟語

A

B

ランク
C

They may have (**lost their way**) in this unfamiliar city.

1442

彼らはこのよく知らない都市で、道に迷ったのかもしれない。

Call me again later because I am busy (**at the moment**).

1443

今は忙しいので、後でまた電話してください。

He hesitated (**for a moment**) before bungee jumping.

1444

彼はバンジージャンプの前に少しのあいだ、ためらった。

You can have two slices of cake (**at the most**).

1445

君はケーキを最大で2切れまで食べていいよ。

I promise to be punctual (**from now on**).

1446

今後ずっと時間を守ると約束します。

She likes to go to a spa for relaxation (**now and then**).

1447

彼女はときどきくつろぎを求めて、温泉に行くのが好きだ。

(**Now that**) the work is over, we can go for a drink.

1448

今はもう仕事が終わっているので、飲みに行けるね。

It has been raining (**on and off**) since morning.

1449

朝から雨が降ったり止んだりしている。

The students entered the classroom (**one by one**).

1450

学生たちが一人ずつ教室に入っていった。

This vending machine seems to be (**out of order**).

1451

この自動販売機は故障しているようだ。

My teacher tells me the same thing (**over and over**).

1452

先生が僕に同じことを何度も繰り返し言うんだ。

1453	**pass by**	熟 [〜を通り過ぎる]
1454	**be poor at**	熟 [〜が下手である] 熟 be good at~ 〜が上手である
1455	**be related to**	熟 [〜と関連している] 名 relation 関係 名 relationship 関係、人間関係
1456	**for rent**	熟 [賃貸用の]
1457	**run out of**	熟 [〜が不足する、〜を切らす] 熟 run short of~ 〜が不足する
1458	**run short of**	熟 [〜が不足する]
1459	**on schedule**	熟 [予定通りに]
1460	**by sea**	熟 [船便で、船で] 熟 by air 空路で 熟 by land 陸路で
1461	**send out**	熟 [〜を発信する、〜を発送する] 動 transmit 送信する
1462	**~ or something**	熟 [〜か何か]
1463	**sooner or later**	熟 [遅かれ早かれ]

熟語

A

B

ランク
C

She (**passed by**) the shop without showing any interest.

1453 彼女は何も興味を示さずに、その店を通り過ぎた。

I'm sorry, but I (**am poor at**) making speeches in public.

1454 すみませんが、私は人前でスピーチをするのが下手なんです。

His research (**is related to**) the global warming.

1455 彼の研究は地球温暖化と関係がある。

I'm looking for a house (**for rent**) in the suburbs.

1456 郊外に賃貸用の家を探しているのですが。

We are (**running out of**) milk and have to buy some.

1457 ミルクがなくなりかけているので、買わないといけない。

She (**ran short of**) milk and hurried to the supermarket.

1458 ミルクが足りなくなったので、彼女は急いでスーパーに行った。

They couldn't leave (**on schedule**) because of the storm.

1459 彼らは嵐のため、予定通りに出発できなかった。

Traveling by air is much faster than traveling (**by sea**).

1460 空路での移動のほうが、海路での移動よりもはるかに速い。

The shop (**sends out**) e-mails to all its customers.

1461 その店はすべての顧客に、メールを送信している。

What I heard then was a footstep (**or something**).

1462 そのとき私が聞いたのは、足音か何かだった。

(**Sooner or later**), you will have to make a decision.

1463 遅かれ早かれ、あなたは決意を固めないといけないだろうね。

1464	**stand for**	熟 [(記号などが) ～を表す] 動 represent (記号などが) ～を表す
1465	**stand out**	熟 [目立つ]
1466	**stay away from**	熟 [～を避ける]
1467	**stay in bed**	熟 [寝込む]
1468	**stay up late**	熟 [遅くまで起きている] 熟 stay up all night 徹夜する
1469	**take after**	熟 [～に似ている] 熟 look like~ ～に似ている
1470	**take in**	熟 [～を取り入れる]
1471	**take off**	熟 [～を脱ぐ、離陸する] 動 land 着陸する 熟 touch down 着陸する
1472	**take over**	熟 [～を引き継ぐ]
1473	**tell A from B**	熟 [AをBと区別する] 熟 distinguish A from B AをBと区別する
1474	**for one thing**	熟 [一つには]

熟語

A

B

ランク
C

The color red often (**stands for**) passion and love.

1464 赤という色は、よく情熱や愛を表す。

Her yellow dress (**stood out**) at the dinner party.

1465 彼女の黄色いドレスは夕食会で目立っていた。

She told me to (**stay away from**) the construction site.

1466 彼女が僕に、工事現場から離れているように言った。

The doctor advised me to (**stay in bed**) and rest.

1467 医者が私に、布団に入って休息をとるように助言した。

He had to (**stay up late**) preparing for the term exams.

1468 彼は期末試験の準備をして、遅くまで起きていなければならなかった。

He (**takes after**) his father in terms of his appearance.

1469 彼は外見が父親に似ている。

You should reduce the amount of sugar you (**take in**).

1470 摂取する糖分の量を減らすべきですよ。

The Japanese (**take off**) their shoes when at home.

1471 日本人は家の中では靴を脱ぐ。

The son of the CEO may (**take over**) the company.

1472 CEO の息子さんが会社を引き継ぐかもしれない。

Can you (**tell**) real diamonds (**from**) fake ones?

1473 本物のダイヤモンドを偽物と見分けられますか？

I can't go out because, (**for one thing**), I have no money.

1474 一つにはお金がないこともあって、外出はできないんです。

1475	throw away	熟 [～を捨てる、～を無駄にする]
1476	at a time	熟 [一度に] 熟 at once 一度に、即座に
1477	by the time	熟 [～するときまでに]
1478	in turn	熟 [順番に]
1479	turn down	熟 [～を断る] 動 reject 断る 動 refuse 断る
1480	turn out to be	熟 [～と判明する] 熟 prove to be~ ～と判明する
1481	against one's will	熟 [自分の意に反して]
1482	write down	熟 [～を書き留める] 熟 put down~ ～を書き留める
1483	something is wrong with	熟 [～の調子が悪い] 熟 There is something wrong with~. ～の調子が悪い
1484	all year round	熟 [1 年中]
1485	be scared of	熟 [～を怖がる]

■))） 1475 〜 1485

■)) 1475 〜 1485

■)) 1475 ~ 1485

■)) 1475〜1485

■)) 1475 〜 1485

■)) 1475 〜 1485

■)) 1475 〜 1485

■)) 1475 〜 1485

■)) 1475 〜 1485

■)) 1475 〜 1485

■))） 1475 〜 1485
```

**熟語** A B **ランク C**

**1475** He noticed his mistake and (**threw away**) his report.

彼は間違いに気づいて、報告書を捨てた。

**1476** It is not good to try to do two things (**at a time**).

一度に 2 つのことをしようとするのは良くない。

**1477** (**By the time**) we arrived there, it had stopped raining.

そこに着く頃までには、雨はあがっていた。

**1478** The attendants at the meeting made speeches (**in turn**).

会議の出席者が順番にスピーチをした。

**1479** I (**turned down**) the job because the pay was too low.

給料が安すぎたので、その仕事を断りました。

**1480** The man I took for you (**turned out to be**) a stranger.

あなただと思った男性は、結局知らない人だと判明した。

**1481** She was made to go to college (**against her will**).

彼女は意に反して、大学に行かされた。

**1482** I (**wrote down**) the important points of the lecture.

私は講義の重要な点を書き留めた。

**1483** (**Something**) must (**be wrong with**) my car engine.

車のエンジンの調子が悪いに違いない。

**1484** The indoor swimming pool is available (**all year round**).

その室内プールは 1 年中利用できます。

**1485** She used to (**be scared of**) spiders when she was a girl.

彼女は子どもだったとき、クモを怖がっていた。
```

1486	**even so**	熟 [たとえそうでも、それにしても]
1487	**keep in touch with**	熟 [~と連絡を絶やさない] 熟 keep in contact with~ ~と連絡を絶やさない
1488	**show A around**	熟 [Aを案内する]
1489	**stand by**	熟 [~を支持する、~の味方につく]
1490	**as a whole**	熟 [全体として、ひとまとめで]
1491	**as a result**	熟 [その結果として]
1492	**as usual**	熟 [いつものように]
1493	**in need**	熟 [困っている]
1494	**believe it or not**	熟 [信じられないかもしれないが]
1495	**drop by**	熟 [~にちょっと立ち寄る]
1496	**get lost**	熟 [道に迷う] 熟 lose one's way 道に迷う

熟語

A

B

ランク
C

1486 The movie is reviewed badly, but I will watch it (even so).

その映画はひどいレビューを受けているが、それでも私は見ようと思っている。

1487 (Keep in touch with) us while you study abroad.

留学中は、私たちと連絡を絶やさないようにしなさい。

1488 I can (show) you (around) if you come to my hometown.

もし僕の故郷に来たら案内できるよ。

1489 I will (stand by) you forever whatever may happen.

何が起ころうとも、永遠にあなたの味方につきます。

1490 (As a whole), her project for the environment was successful.

全体的に、彼女の環境に対する研究課題はうまくいった。

1491 She made every effort and, (as a result), achieved her goal.

彼女はあらゆる努力をして、その結果、目標を達成した。

1492 He woke up early and went for a jog (as usual).

彼はいつものように早起きして、ジョギングに出かけた。

1493 A friend (in need) is a friend indeed.

困った時の友人こそ、本当の友人である。

1494 (Believe it or not), he speaks five languages fluently.

信じられないかもしれないが、彼は5ケ国語を流暢に話す。

1495 I have to (drop by) the library to return this book.

この本を返すために、図書館に寄らなくちゃならないんだ。

1496 In case you (get lost), take your smartphone with you.

道に迷ってはいけないから、スマホを持っていきなさいよ。

1497	**in advance**	熟 [前もって、前払いで]
1498	**in detail**	熟 [詳しく、詳細に]
1499	**Why don't you ~?**	熟 [~してはどうですか？]
1500	**at the expense of**	熟 [~を犠牲にして] 熟 at the cost of~ ~を犠牲にして
1501	**be bound for**	熟 [(電車などが) ~行きである]
1502	**be crazy about**	熟 [~に夢中になっている]
1503	**by accident**	熟 [偶然に] 副 accidentally 偶然に 熟 by chance 偶然に
1504	**by no means**	熟 [決して~ない] 熟 by all means ぜひとも
1505	**come about**	熟 [起こる、生じる]
1506	**give away**	熟 [~を無料でやる、~を配布する]
1507	**in a row**	熟 [連続して]

熟語

A

B

ランク
C

1497

Please inform us of your time of arrival (**in advance**).

到着時間を前もって知らせておいてね。

1498

We have been asked to explain the exam results (**in detail**).

僕たちは試験の結果を、詳細に説明するように要求されている。

1499

(**Why don't you**) join us for dinner tonight?

今夜僕たちと一緒に夕食でもどうですか？

1500

He obtained a fortune (**at the expense of**) people's trust.

彼は人々の信頼を犠牲にして、財産を手に入れた。

1501

This ship (**is bound for**) an island in the tropics.

この船は熱帯の島に向かっています。

1502

She (**was crazy about**) playing the guitar in her youth.

彼女は若かった頃、ギターを弾くことに熱中していた。

1503

She found the hidden treasure (**by accident**) in the woods.

彼女は森の中で、隠された宝物を偶然見つけた。

1504

His great success was (**by no means**) a coincidence.

彼の大成功は決して偶然なんかではない。

1505

The change in weather (**came about**) suddenly.

天気の変化は突然起こった。

1506

The store will (**give away**) free samples of a new product.

その店が新製品の無料サンプルを配布するよ。

1507

She won the championship three years (**in a row**).

彼女は3年連続で優勝した。

1508	**be in charge of**	熟 [～を担当している]
1509	**be in favor of**	熟 [～に賛成している]
1510	**in person**	熟 [(代理ではなく) 本人が]
1511	**in public**	熟 [人前で]
1512	**keep an eye on**	熟 [～を見張る]
1513	**major in**	熟 [～を専攻する]
1514	**make fun of**	熟 [～をからかう]
1515	**on behalf of**	熟 [～を代表して]
1516	**pass away**	熟 [亡くなる] 動 die 亡くなる
1517	**put up with**	熟 [～に耐える、～を我慢する] 動 stand 耐える、我慢する 動 tolerate 耐える、我慢する
1518	**quite a few**	熟 [(可算名詞が) かなり多くの] 熟 quite a little (不可算名詞が) かなり多くの

熟語

A

B

ランク C

1508

The chef (is in charge of) the kitchen and menu planning.

料理長はキッチンとメニューの計画を担当している。

1509

The majority of the nation (is in favor of) the new policy.

国民の大多数は新政策に賛成している。

1510

The president came and greeted me (in person).

大統領本人が私にあいさつしに来てくれた。

1511

She made a speech (in public) and received applause.

彼女は人前でスピーチをして、拍手喝采を受けた。

1512

Will you (keep an eye on) my baggage while I am away?

私がいないあいだ、手荷物を見ていてくれませんか？

1513

I would like to (major in) psychology in university.

大学では心理学を専攻したいと思っています。

1514

It was rude of you to (make fun of) my hairstyle.

人の髪形をからかうなんて失礼だな、君は。

1515

I would like to thank you (on behalf of) my team.

チームを代表して、私が感謝を述べたいと思います。

1516

It has been more than ten years since he (passed away).

彼が亡くなってから10年以上が経過している。

1517

We can no more (put up with) complaints from customers.

お客様からの文句には、これ以上耐えられない。

1518

The exchange student has (quite a few) friends here.

その留学生は、ここにかなり多くの友人がいる。

1519	**regardless of**	熟 [〜に関係なく]
1520	**rule out**	熟 [〜を除外する]
1521	**take on**	熟 [〜を引き受ける、(性質) を帯びる]
1522	**on the contrary**	熟 [それどころか、それとは逆に]
1523	**between you and me**	熟 [ここだけの話だが]
1524	**go bad**	熟 [腐る]
1525	**end up**	熟 [結局〜になる]
1526	**How come ~?**	熟 [なぜ〜？]
1527	**in terms of**	熟 [〜の観点から]
1528	**lay off**	熟 [〜を一時解雇する] 動 dismiss 解雇する 動 fire 解雇する
1529	**on purpose**	熟 [故意に、わざと] 副 purposefully 故意に、わざと 副 accidentally 偶然に 熟 by accident 偶然に

1519

He treats everyone respectfully (**regardless of**) gender.

彼は性別に関係なく、すべての人に敬意を持って接する。

1520

The doctor (**ruled out**) the possibility of a serious disease.

医師は重病の可能性を除外した。

1521

I'll (**take on**) any responsibility for the resulting from my decision.

私は自分の決定の結果にはいかなる責任でも負います。

1522

He said she was shy, but (**on the contrary**), was outgoing.

彼は彼女が内気だと言ったが、それとは逆に外交的だった。

1523

(**Between you and me**), I don't think he is telling the truth.

ここだけの話だが、彼は本当のことを言っていないと思う。

1524

The milk left out overnight has (**gone bad**).

一晩中外に出しておいた牛乳は腐ってしまった。

1525

They (**ended up**) falling in love with each other.

彼らは結局、お互いのことが好きになった。

1526

(**How come**) you are not wearing your usual glasses?

なぜいつもの眼鏡をかけていないの？

1527

(**In terms of**) quality, our products are second to none.

品質という観点からすると、我々の製品は誰にも負けない。

1528

The café in the ski resort (**lays off**) some staff in summer.

そのスキーリゾートの喫茶店は、夏に何人かスタッフを解雇する。

1529

She dropped her cup (**on purpose**) to attract attention.

彼女はわざとカップを落として、注意を引いた。

1530	**once in a while**	熟 [ときどき] 副 occasionally ときどき 熟 from time to time ときどき
1531	**so to speak**	熟 [いわば] 熟 as it were いわば
1532	**take A into account**	熟 [Aを考慮に入れる] 熟 take A into consideration Aを考慮に入れる
1533	**to say nothing of**	熟 [~は言うまでもなく] 熟 not to mention~ ~は言うまでもなく 熟 not to say~ ~とまでは言わないが
1534	**when it comes to**	熟 [~ということになると]
1535	**with ease**	熟 [簡単に] 副 easily 簡単に
1536	**account for**	熟 [~を説明する、~ (割合) を占める] 動 explain 説明する
1537	**as for**	熟 [(文頭で) ~に関しては、~はどうかというと] 熟 as to~ (文中で) ~に関しては、~はどうかというと
1538	**at random**	熟 [無作為に、でたらめに] 副 randomly 無作為に、でたらめに
1539	**make up for**	熟 [~の埋め合わせをする] 熟 compensate for~ ~の埋め合わせをする
1540	**on duty**	熟 [勤務中で] 熟 off duty 非番で、勤務時間外で

1530

I enjoy traveling to hot spring resorts (**once in a while**).

私はときどき、温泉リゾートへ旅行して楽しみます。

1531

She is, (**so to speak**), the queen of the fashion world.

彼女はいわばファッション界の女王だ。

1532

Please (**take**) my previous experience (**into account**).

私のこれまでの経験を考慮に入れてください。

1533

He can play the guitar well, (**to say nothing of**) the piano.

彼はギターが上手に弾ける、ピアノなど言うまでもない。

1534

(**When it comes to**) memorization, he is at the top.

記憶力ということになると、彼はトップレベルだ。

1535

She solved the difficult math problem (**with ease**).

彼女はその難しい数学の問題を簡単に解いた。

1536

The manager told me to (**account for**) the mistake.

経営者が私に、その間違いを説明するように言った。

1537

(**As for**) my opinion, we should proceed carefully.

私の意見はどうかというと、注意して先に進むべきです。

1538

Participants in the survey will be chosen (**at random**).

調査の参加者は無作為に選ばれます。

1539

I will (**make up for**) the time I wasted yesterday.

昨日無駄に過ごしてしまった時間の埋め合わせをします。

1540

She is (**on duty**) at the hospital today.

彼女は今日は病院に勤務しています。

1541	**bring about**	熟 [〜を引き起こす] 動 cause 引き起こす
1542	**take a day off**	熟 [1日休みを取る]
1543	**figure out**	熟 [〜を理解する、〜を考え出す]
1544	**on demand**	熟 [要求があり次第、オンデマンド形式で]
1545	**in other words**	熟 [言い換えると]
1546	**in the long run**	熟 [長い目で見ると]
1547	**make the most of**	熟 [〜を最大限に利用する] 熟 make the best of〜 〜の中で何とかやっていく
1548	**needless to say**	熟 [言うまでもなく]
1549	**not to say**	熟 [〜とまでは言わないが]
1550	**on (the) condition that**	熟 [〜という条件で]
1551	**to tell (you) the truth**	熟 [実を言うと]

熟語

A

B

ランク
C

The Internet (**brought about**) a communications revolution.

1541 インターネットが通信革命を引き起こした。

I feel exhausted, so I'm thinking of (**taking a day off**).

1542 疲れ果てた気がしたので、1日休みを取ろうかと思ってるんです。

Will you help me (**figure out**) how to solve this problem?

1543 この問題の解き方を理解するのを手伝ってもらえませんか？

This site provides several movies (**on demand**).

1544 このサイトは、オンデマンドで何本かの映画を提供しています。

He didn't enjoy the movie; (**in other words**), it was boring.

1545 彼はその映画を楽しめなかった。言い換えると退屈だったんだ。

(**In the long run**), regular exercise will lead to good health.

1546 長い目で見ると、定期的に運動すると健康状態が良くなる。

I will (**make the most of**) my next vacation and travel abroad.

1547 次の休暇を最大限に利用して海外旅行に行きます。

(**Needless to say**), good eating habits are essential.

1548 言うまでもなく、良い食習慣は非常に重要だ。

I like her songs, (**not to say**) I'm a big fan, though.

1549 大ファンとまでは言わないが、私は彼女の歌が好きだ。

He will help you (**on condition that**) you apologize.

1550 あなたが謝罪するという条件で、彼は手伝ってくれますよ。

(**To tell you the truth**), I don't like that restaurant.

1551 実を言うと、私はあのレストランが気に入りません。

Can you help me, please?

1552 ［お手伝いいただけますか？］

A: Can you help me, please?
B: Of course! What assistance do you need?

A:**お手伝いいただけますか？**
B:もちろんです！　何をお手伝いしましょうか？

Where is the nearest station?

1553 ［最寄りの駅はどこですか？］

A: Excuse me, **where is the nearest station?**
B: The nearest station is just around the corner.

A:すみません、**最寄りの駅はどこですか？**
B:最寄りの駅はすぐ角を曲がったところにあります。

Could you repeat that, please?

1554 ［もう一度言っていただけますか？］

A: Could you repeat that, please?
B: Sure, I'll say it again more slowly.

A:**もう一度言っていただけますか？**
B:もちろん、もう一度ゆっくりと言います。

Where can I find a restroom?

1555 ［トイレはどこにありますか？］

A: Where can I find a restroom?
B: There's a restroom on the second floor near the elevator.

A:**トイレはどこにありますか？**
B:2階のエレベーターの近くにトイレがあります。

Do you accept credit cards?

1556 ［クレジットカードは使えますか？］

A: Do you accept credit cards?
B: Yes, we accept all major credit cards.

A:**クレジットカードは使えますか？**
B:はい、主要なクレジットカードはすべて使えます。

I would like to make a reservation.

1557

[予約をお願いします。]

A: I would like to make a reservation.
B: Certainly! For how many people and which date?

A:**予約をお願いします。**
B:もちろんです！　何名様で、いつの日にちですか？

What's the weather like today?

1558

[今日の天気はどうですか？]

A: What's the weather like today?
B: It's sunny and warm today, perfect for outdoor activities.

A:**今日の天気はどうですか？**
B:今日は晴れてあたたかく、屋外の活動には最適です。

会話表現編

How long does it take to get to the airport?

1559

[空港までどれくらいかかりますか？]

A: How long does it take to get to the airport?
B: It usually takes about 45 minutes by taxi, depending on the traffic.

A:**空港までどれくらいかかりますか？**
B:交通状況にもよりますが、普通はタクシーで約45分かかります。

Can I have the bill, please?

1560

[お会計をお願いします。]

A: Can I have the bill, please?
B: Certainly! I'll bring it to you right away.

A:**お会計をお願いします。**
B:かしこまりました！　すぐに請求書をお持ちします。

Do you have any recommendations for sightseeing spots?

1561

[観光スポットをおすすめしてもらえますか？]

A: Do you have any recommendations for sightseeing spots?
B: Absolutely! You should visit the famous historical castle in the city center.

A:**観光スポットをおすすめしてもらえますか？**
B:もちろんです！　市内中心部にある有名な歴史的な城を訪れるべきです。

What's the nearest bus stop?

[最寄りのバス停はどこですか？]

A: What's the nearest bus stop?
B: The nearest bus stop is just across the street.

A：**最寄りのバス停はどこですか？**
B：最寄りのバス停はちょうど道路の向かい側にあります。

Can I try this on?

[これを試着してもいいですか？]

A: Can I try this on?
B: Of course! The fitting room is right over there.

A：**これを試着してもいいですか？**
B：もちろんです！　試着室はちょうどあちらにございます。

I didn't catch your name.

[お名前をうかがいませんでした。]

A: I'm sorry, I didn't catch your name.
B: Oh, yes. My name is Emily. What's yours?

A：すみません、**お名前をうかがいませんでした。**
B：ああ、はい。私の名前はエミリーです。あなたのお名前は？

What's the best way to get to the museum?

[美術館への最善の行き方は何ですか？]

A: What's the best way to get to the museum?
B: The best way is to take the subway and get off at the third stop.

A：**美術館への最善の行き方は何ですか？**
B：最善の行き方は地下鉄に乗って3つ目の駅で降りることです。

I'm sorry, but I can't make it to the meeting.

[すみませんが、会議には参加できません。]

A: I'm sorry, but I can't make it to the meeting.
B: That's unfortunate. We'll catch you up on what was discussed.

A：**すみませんが、会議には参加できません。**
B：それは残念ですね。話し合われたことを後で共有します。

I'm sorry for the inconvenience.

1567

[ご迷惑をおかけして申し訳ありません。]

A: **I'm sorry for the inconvenience.**
B: It's alright. I understand. Thank you for letting me know.

A：**ご迷惑をおかけして申し訳ありません。**
B：大丈夫です。わかりました。知らせていただきありがとうございます。

Is there a pharmacy nearby?

1568

[近くに薬局はありますか？]

A: **Is there a pharmacy nearby?**
B: Yes, there's a pharmacy just around the corner.

A：**近くに薬局はありますか？**
B：はい、すぐ角を曲がったところに薬局があります。

Can I have a coffee to go, please?

1569

[コーヒーを持ち帰りでお願いします。]

A: **Can I have a coffee to go, please?**
B: Of course! Would you like it black or with milk?

A：**コーヒーを持ち帰りでお願いします。**
B：もちろんです！　ブラックでしょうか、それともミルクを入れますか？

I didn't mean to interrupt.

1570

[邪魔をするつもりはありませんでした。]

A: I'm sorry. **I didn't mean to interrupt.**
B: No worries. You didn't interrupt anything important.

A：すみません。**邪魔をするつもりはありませんでした。**
B：ご心配いりません。重要なことには干渉していませんよ。

I don't have exact change.

1571

[ちょうどのお金を持っていません。]

A: I'm sorry, but **I don't have exact change.**
B: That's alright. I can give you change for a larger bill.

A：すみませんが、**ちょうどのお金を持っていません。**
B：大丈夫です。大きなお札のおつりをお渡しします。

What do you do for a living?

[職業は何ですか？]

A: **What do you do for a living?**
B: I work as a teacher at a local school.

A：職業は何ですか？
B：私は地元の学校で教師をしています。

Could you repeat that, please?

[もう一度お願いできますか？]

A: **Could you repeat that, please?** I didn't catch what you said.
B: Sure! I said the meeting would be held in the conference room at 2 p.m.

A：**もう一度お願いできますか？** 聞き取れませんでした。
B：もちろんです！ 午後2時に会議室で会議が行われますと言いました。

I'm sorry for being late.

[遅れてすみません。]

A: **I'm sorry for being late.**
B: No problem. It happens. Let's get started with the meeting.

A：**遅れてすみません。**
B：問題ありません。そういうことはあります。ミーティングを始めましょう。

Do you have any siblings?

[兄弟姉妹はいますか？]

A: **Do you have any siblings?**
B: Yes, I have one older brother.

A：**兄弟姉妹はいますか？**
B：はい、兄が一人います。

How was your vacation?

[休暇はどうでしたか？]

A: **How was your vacation?**
B: It was fantastic! I went to a beautiful beach and enjoyed the sunshine.

A：**休暇はどうでしたか？**
B：素晴らしかったです！ 美しいビーチに行って、日光を楽しみました。

Are you busy right now?

1577 ［今忙しいですか？］

A: Are you busy right now?
B: Not at the moment. What king of help do you need?

A：今忙しいですか？
B：今は忙しくありません。何かお手伝いできることはありますか？

I'm sorry to hear that.

1578 ［それはお気の毒に。］

A: I'm sorry to hear that.
B: Thank you for your sympathy. It means a lot to me.

A：それはお気の毒に。
B：お気遣いいただきありがとうございます。それはとてもうれしいです。

会話表現編

How do you spell that?

1579 ［それはどう綴りますか？］

A: How do you spell that?
B: It's spelled M-I-C-H-A-E-L.

A：それはどう綴りますか？
B：M-I-C-H-A-E-Lです。

I don't have any change.

1580 ［おつりがありません。］

A: I'm sorry, but I don't have any change.
B: That's alright. I can pay with a credit card.

A：すみませんが、**おつりがありません。**
B：大丈夫です。クレジットカードで支払います。

I can't make it.

1581 ［行けません。］

A: I'm sorry, but I can't make it.
B: That's alright. We can reschedule for another day.

A：すみませんが、**行けません。**
B：問題ありません。別の日に予定を変更しましょう。

索 引

会話表現

著者

加藤直一　かとう なおひと

ベリタスアカデミーの英語講師、大学入試の分析や解説を担当。大手予備校で25年間大学受験英語指導に携わりながら、国公立クラス担任を歴任。現在はオンラインを中心に大学受験指導を行いながら、高等学校の放課後講座や夏期講習などにも出講。大学入試解答速報にて、早稲田大学や国公立大学を受け持つ。

〈著書〉
『シグマベスト　スーパー基礎・総合英語塾』（文英堂）

※英検®は、公益財団法人 日本英語検定協会の登録商標です。
※このコンテンツは、公益財団法人 日本英語検定協会の承認や推奨、その他の検討を受けたものではありません。

英検®準2級頻出度順英単語　　1500

著　者　加藤直一
発行者　高橋秀雄
発行所　**株式会社 高橋書店**
　　　　〒170-6014
　　　　東京都豊島区東池袋3-1-1 サンシャイン60 14階
　　　　電話　03-5957-7103

ISBN978-4-471-27585-3　©TAKAHASHI SHOTEN Printed in Japan

本書の内容についてのご質問は「書名、質問事項（ページ、内容）、お客様のご連絡先」を明記のうえ、郵送、FAX、ホームページお問い合わせフォームから小社へお送りください。
回答にはお時間をいただく場合がございます。また、電話によるお問い合わせ、本書の内容を超えたご質問にはお答えできませんので、ご了承ください。
本書に関する正誤等の情報は、小社ホームページもご参照ください。

【内容についての問い合わせ先】
　書　面　〒170-6014 東京都豊島区東池袋3-1-1
　　　　　　　　　　　　サンシャイン60 14階　高橋書店編集部
　F A X　03-5957-7079
　メール　小社ホームページお問い合わせフォームから
　　　　　（https://www.takahashishoten.co.jp/）

【不良品についての問い合わせ先】
　ページの順序間違い・抜けなど物理的欠陥がございましたら、電話03-5957-7076へお問い合わせください。ただし、古書店等で購入・入手された商品の交換には一切応じられません。